¿Diay Qué Mae? ¿Pura Vida?

Historias, cuentos y costumbres costarricenses

Sonia B. F. Arias

Copyright © 2014
Mundo Latino Publications
Los Angeles CA
Derechos reservados 2014 Sonia B. F. Arias
Todos los derechos reservados incluyendo porciones o capítulos del libro o cualquier otra copia del mismo.
Publicado en Los Angeles CA
Diay Que Máe? Pura Vida
Autora: Sonia B. F. Arias
Portada: Glorianna Arias
Pintura portada: Ma. Isabel Sandi de Brenes
Un libro con historias inéditas costarricenses y costumbrismos propios de Costa Rica
Hechos históricos y geográficos costarricenses
El lenguaje empleado por la autora y las historias narradas ilustran la cultura del costarricense y algunas de sus tradiciones.
Ordénes individuales o al por mayor
www.amazon.com
Copyright © 2014
Sonia B. F. Arias
All rights reserved.
ISBN 978-0-9892604-4-2
Sonia B. F. Arias

Indice

Dedicación...	5
Reconocimientos...	7
Acerca de María Isabel Sandí de Brenes..........	9
Comentarios...	11
Querido Juan..	15
El Maleficio..	31
El Secreto de Rosalía Salas..........................	49
La Llorona..	67
El Cadejos..	87
El Seminarista de San Isidro del General.........	97
Un Milagro en el Puente del Virilla................	125
Azulito...	143
Amor de Temporada	163
Debut Celestial	185
Vocabulario tico..	217
El tico vive a su manera..............................	223
Refranes ticos..	225
Polómetro del 2014.....................................	227
Si naciste y viviste en Costa Rica..................	239
Sección Historia y Geografía........................	243
Mundial Brasil 2014....................................	249

Dedicación

Dedico este libro a mi amada patria Costa Rica.

A mis cuatro hijos los cuales nacieron, en mi lindo país.

A mis nietos quienes han aprendido através de sus padres y de mis experiencias en Costa Rica sobre tradiciones, comidas y el folklore costarricense.

A todos mis amigos costarricenses y de otras nacionalidades que leerán este libro.

A los familiares de las víctimas de las tragedias del Virilla y de Choluteca que fallecieron y a los sobrevivientes de Choluteca que leerán este libro.

Reconocimientos

Quiero agradecer profundamente el apoyo de mis cuatro hijos, todos nacidos en Costa Rica, quienes desinteresadamente siempre me han dado su apoyo incondicional y desinteresado en diferentes maneras.

Gracias a mi hija mayor Glorianna, por diseñar artísticamente la portada de mi libro con tanto cariño.

Gracias a mi hijo Alejandro, Director General de Editorial Mundo Latino Publications por producir el libro y su distribución a nivel internacional en afamadas casas publicitarias.

Gracias a mi hija Andreina por la asistencia fotográfica y la digitalización de la portada de María Isabel Sandi de Brenes lo cual le da la nitidez al óleo sin alteraciones de ninguna clase.

Gracias a mi hijo Adrián por su apoyo incondicional como consultor sobre mercadeo en los Estados Unidos y Costa Rica y sus valiosas opiniones sobre las historias que aquí se narran.

A mi amiga y compatriota Kattia Solís, por proveer el contacto con su tía, la señora María Isabel Sandí de Brenes, reconocida pintora costarricense, a quien le agradezco la donación del óleo que sirvió como portada de esta obra literaria costarricense.

A mi amiga de la infancia, Rosario Montoro, por proveerme el contacto para realizar la entrevista sobre el accidente de Choluteca con una de las víctimas sobrevivientes de ese triste suceso.

Mi profundo agradecimiento a la señora Grettel Cordero, sobreviviente del accidente de Choluteca de 1965, quien contribuyó para poder escribir la historia novelada Debut Celestial, inspirada en ese trágico evento. Sin su ayuda por medio de entrevistas telefónicas y por Facebook, no hubiera sido posible para mi escribir esta historia apegada a la realidad de lo que realmente sucedió.

A mis primas Ana Patricia y Olga Fernández, quien voluntaria y desinteresadamente me dieron su valiosa ayuda durante la edición final de este libro.

Mi profundo agradecimiento a todos los amigos de diferentes zonas de Costa Rica los cuales cooperaron conmigo leyendo las historias inéditas que incluyo en este libro y compartiendo sus comentarios conmigo, los cuales incluyo en este libro.

A todos ellos muchas gracias por su apoyo.

Acerca de la pintora Ma. Isabel Sandí de Brenes

"Yo pinto por amor al arte, porque esto es como Dios, no tiene principio ni fin" María Isabel Sandí.

Casi cuatro décadas de tener un pincel y un óleo a su alcance habla muchísimo de la trayectoria de Isabel Sandí de Brenes.

Esta artista costarricense ha plasmado en sus cuadros nuestras vivencias como costarricenses, tales como yuntas de bueyes, mujeres cogiendo café, casas típicas de adobe, ríos y muchos paisajes más que nos identifican a los costarricenses con recuerdos y nostalgias que pudimos haber vivido.

Desde que asistía a la Escuela Primaria 12 de Marzo en San Isidro del General, Isabel, hacía dibujos en sus cuadernos, los cuales eran la admiración de sus maestros.

Al principio regalaba sus obras de arte a sus amigos, y poco a poco se fue dando a conocer ante el mundo.

Hoy día sus cuadros se encuentran en paredes de países del extranjero decorando las casas de los amantes del arte de otras naciones, fuera de Costa Rica.

Isabel dice que el dinero que recibe por sus cuadros lo emplea en comprar más lienzos y pinturas pues su inspiración y amor por el arte son intrínsicos.

Para admirar sus obras de arte, los lectores pueden visitar a Isabel en su galería situada, 275 Metros al Sur de La Iglesia de Tibás.

Comentarios

"Leí la historia de **Azulito**, de la autora, Sonia B.F. Arias.

En esta historia ella escribe una novela ficción, basada en un personaje real, pues Azulito realmente existió.

Le conocí en Costa Rica, en el paseo de Los Estudiantes, donde yo tenía mi negocio.

Azulito era un pobre muchacho con su mente confundida, que llegaba todas las mañanas a mi negocio.

Era de estatura mediana, con pelo largo enmarañado, que se confundía con la barba, llena de colochos de aserrín, pues dormía en un aserradero, situado en el Barrio La Dolorosa.

Las visitas de este personaje eran para pedir cincuenta céntimos para tomar café.

Me gustó mucho que la escritora, Sonia B.F. Arias haya rescatado a personajes como Azulito, pues algunos lo recordamos y las nuevas generaciones aprenden a través de este cuento".

Nelly Orona –Escritora costarricense

"**El Seminarista de San Isidro del General**

Me encantó el drama!! Cuando terminó quería continuar leyendo. Una historia muy tierna con un final muy feliz.

Cuando la empecé a leer, no podía dejar de hacerlo. Me trajo recuerdos de la finca de mis abuelos en San Isidro y de las fiestas patronales, las cuales eran mis favoritas cuando viví en Pérez Zeledón.

Recordé aquellos tiempos en que era difícil decir lo que uno sentía pues ante todo había que agradar a los padres".

Kattia Solís – Oriunda de Perez Zeledón
Residente de Los Angeles, CA

"Leí la historia **Debut Celestial** y viví momento a momento ese fatídico 29 de junio de 1965. Lloré y viví leyendo esta historia !

Qué día más triste, no podía creerlo. Perder a esa corta edad a mi mejor amiga, fue terrible.

Acabábamos de salir de vacaciones todas ansiosas porque muchas íbamos de viaje; en especial mi amiguita que iba a otro país.

Recuerdo como ella nos dio fotos y pinturas hechos por ella. Los recuerdos que tengo son tantos su sonrisa tan bella y aquel perfume Topacio que siempre nos daba, cuando salíamos a recreo.

Jamás olvidaré ese día, cuando estaba en su casa esperando el cuerpo; no lo podía asimilar.

Terminaron las vacaciones y me enfrenté a la triste realidad de llegar a la escuela y ver su pupitre vacío detrás del mío.

Nos mandaron a la clase de música y todas las niñas llorábamos, nadie podía cantar. Una amiguita dice que ese día yo canté como un ángel pero no logro recordar.

Ha pasado tanto tiempo y no hay año que no la recuerda a ella y a muchos de mis amigos que perdí en esa tragedia.

Este, como todos tus libros será un éxito. Dios te bendiga".

Mercedes Segura
Presidente Club Los Leones Orange County.

"Como costarricense, desde que tengo uso de razón, crecí escuchando comentarios sobre esta tragedia y otros eventos del pasado.

La tragedia del Virilla solo se nombraba sin dar mucha explicación.

No fue sino hasta que leí esta historia Un Milagro en El Puente del Virilla, que supe lo que realmente había sucedido!

Una historia bien detallada y narrada, donde el lector se envuelve en la historia y llega a formar parte de la misma. Al leerla, me hizo sentir el amor, la felicidad y el pánico experimentado por los que la vivieron!"
Ana Patricia Fernández – Oriunda de San José CR Residente en Thousand Oaks, CA

La Llorona es una historia de la cual escuchaba hablar cuando iba a casa de mis abuelos. Recuerdo que las familias se reunían por las noches para contar historias como estas y era muy bonito porque había mucha unión familiar.

Respecto al cuento, que aquí se narra, la escritora mete al lector por completo en la historia.

En el cuento nos impacta la tragedia sufrida por Imelda. Disfruté mucho la lectura de La Llorona y me mantuvo atrapada en el drama a través de la misma.
Gabriela González Trigo – Alajuela - Costa Rica

Diay Qué Mae? Pura Vida! Una vez más, Sonia B. F. Arias, nos deleita con su particular e interesante pluma. En esta ocasión, en una serie de cuentos cortos, narra diferentes vivencias costarricenses.

Se ha basado en antiguas leyendas e historias reales propias de Costa Rica, para muchos olvidadas o completamente desconocidas para otros.

En las diferentes historias, entrelaza y salpica de misterio, suspenso, humor y romance el relato, atrapándonos en la trama, haciendo su lectura fácil y muy entretenida.

Además, el libro está adornado de costarriqueñismos divertidos y plenos de colorido que nos hablan de la vida actual de manera coloquial y al mejor estilo tico, honrando el título. **Olga Fernández González - San José - Costa Rica**

1

Esta primera historia la he titulado Querido Juan...

La historia se desarrolla Dulce Nombre de Alajuela.

Mi padre creció en ese pueblo donde vivía su familia y donde hasta hoy tengo amigos a los cuales quiero mucho.

La escuelita primaria de Dulce Nombre era el orgullo de mi padre pues tenía el nombre de mi bisabuela, la señora Silvia Montero quien fue directora del centro docente por varios años.

En este pueblo se encuentra El Monte, una pequeña finca de la cual mi padre siempre estuvo orgulloso.

El trama de la historia, sus personajes y otros detalles son absolutamente producto de mi imaginación, pues nunca vivieron en este pueblo.

Querido Juan...
(Dulce Nombre de Alajuela, 1948)

Juan Orozco, un hombre desgastado por tanto trabajar, se encontraba ocupado acomodando los sacos de papas y las cajas de tomate en su verdulería.

Era un día domingo y el Mercado Central de Alajuela había estado muy concurrido por los que hacían sus compras, para el diario semanal y por los que ahí trabajaban. Como si esto fuera poco de feria era el 11 de abril, día festivo para los costarricenses especialmente de los alajuelenses quienes festejaban a su héroe, el erizo de tez morena, Juan Santamaría.

Muchos hombres con sus carretillos cargados de verdura, recorrían los pasillos del mercado con los pesados sacos de arroz, frijoles, azúcar y cajas de chayotes, rábanos, zanahorias y otros vegetales.

Grandes cajones con mangos verdes y maduros y otras frutas frescas, ocupaban los chinamos del mercado de Alajuela aquel domingo.

En algunos puestos habían mujeres con sus impecables delantales blancos, sentadas en banquitos de madera con enormes baldes de aluminio, vendiendo hermosas rosas, claveles y calas para que los clientes las llevaran al cementerio o para agasajar a sus novias o esposas.

Niños, jóvenes y hasta ancianos, le daban la bienvenida a los transeúntes, gritando a todo galillo, "lotería para el domingo, lotería, el 07, el 32, el 54, lotería!!"

Otros gritaban a todo pulmón los nombres de los principales periódicos que contenían noticias frescas de todo el país.

El ayudante de Juan, Rigoberto, un muchacho fuerte de unos dieciseis años de edad lo miraba mientras él lo dirigía, haciendo señales con sus manos, para indicarle donde debería poner los vegetales.

"Ese cajón de chayotes va aquí Rigo, y el de tomates allá encima del estante donde están las espinacas," decía Juan mientras desempacaba, alzando con sus brazos musculosos los cajones donde se encontraban los camotes y las vainicas. Juan era un hombre joven, de unos cuarenta y siete años aproximadamente. Se veía arrugado y parecía de más edad porque su vida no había sido fácil.

Mientras desempacaba la verdura, recordaba como desde que era un niño de seis años, había trabajado hombro a hombro con su padre.

"Don Juan, donde pongo las zanahorias y los chiles dulces?" dijo de pronto Rigoberto, sacando a Juan de sus pensamientos.

"Ponelos en aquella esquina hombre!! no tenés que preguntarme tanto, usá la lógica yo estoy aquí ocupado". Rigoberto conocía muy bien a su patrón y sabía cuando estaba de buen o mal humor.

Sus familias habían sido vecinos de toda la vida y Rigo estaba muy agradecido con Juan, porque al morir su padre años atrás, él le había ofrecido trabajo en el tramo del mercado.

Solo así Rigoberto había podido ayudar a su mamá, a mantener a sus cuatro hermanos pequeños y eso no tenía precio.

¿Diay qué mae? ¿Pura vida?

Aquella mañana, se asomaba un rayo de preocupación en los ojos de Juan. Rigoberto lo había notado desde que ambos abrieron el tramo tempranito, cuando apenas el sol se empezaba a asomar por las montañas.

A las cinco de la tarde, cuando la clientela del Mercado empezó a irse al parque de Alajuela para asistir a los bailongos que habían sido anunciados para aquel día, Juan le pagó los ciento cincuenta pesos del salario de la quincena a Rigoberto y luego contó el dinero de su caja.

"Tomá, Rigo, llevale a tu madre, lo va a necesitar. Decís que ya no aguanta la reuma"

Juan sacando un billete de a cinco de su billetera lo extendió a su empleado el cual lo miró agradecido.

"Gracias, patrón, mi mamá se va a poner feliz cuando vaya a la botica a comprarse el unguento porque la reuma no la deja en paz, tiene los pies como tamales y ya no puede aplanchar ajeno como lo hacía antes."

Juan lo miró con una mirada meláncolica pero satisfecho, sabiendo que había hecho lo correcto.

Sofía era una mujer muy trabajadora y había quedado víuda cuando su esposo Tencho, murió atacado por la cirrosis, causada por las tantas borracheras que se pegaba.

Juan siempre la había admirado porque en cierta manera le recordaba a su madre, cuando la veía aplanchar ajeno y llevar las grandes canastas de ropa a las diferentes casas de la vecindad de Dulce Nombre.

De pronto miró su reloj de pulsera y se dió cuenta que eran casi las seis de la tarde.

Cuánto le dolía a Juan cuando llegaba la hora de irse a casa!! Solo él que lo vivía diariamente sabía el tormento que llegar a su hogar significaba para él.

Le dolía pues sabía que su matrimonio no funcionaba. Su mujer era insoportable y a él le partía el alma ver a sus pobres chiquitos, pagando los platos rotos de vivir en un hogar donde ella los agredía cuando se ponía de mal humor.

Tenía diez años casado con ella y él nunca la había golpeado pero ganas no le faltaban ante los arrebatos que tenía su mujer cuando se enojaba.

Todavía Juan recordaba las palabras de su tío Bernardo cuando le suplicaba que no se casara con Clotilde Flores pero él, enamorado como se encontraba de ella no le había hecho caso.

Hoy aquellas palabras de su tío golpeaban su corazón. "Esa mujer no sirve para nada, Juan entiende!!" le decía su tío mientras trataba de convencerlo que terminara con ella.

"Si supieras cuántos en el pueblo han dormido con ella. Esa mujer solo quiere dinero y una vez te saque hasta la sangre entonces te tirará como lo ha hecho con todos los demás"

Juan lo miraba y lo escuchaba pensativo pero cegado por el amor que sentía por Clotilde, se llenaba de ira y le respondía de mala gana.

"No, tío, con todo el respeto que usted se merece pero usted está hablando paja; a usted no le consta nada de lo que me dice, su esposa es una chismosa, perdone que se lo diga y como Clotilde es bonita y ella no, por eso le llena la cachimba a usted de chismes".

Hoy hubiera querido Juan prestarle oídos a su tío pero ya era tarde, ya era muy tarde para él.
Clotilde y Juan se habían conocido en una de las soditas que quedaban en el centro de Alajuela, donde ella trabajaba como mesera.

Clotilde había llegado de Turrialba, a vivir a Alajuela porque su padrastro la maltrataba y no le había quedado más remedio que huir lejos de su casa.

Juan se flechó a primera vista con ella. Ella tendría alrededor de veinticuatro años cuando él la conoció.

¿Diay qué mae? ¿Pura vida?

Sonia B. F. Arias

El le llevaba diez años y creía que eso iba a favorecerlo pero se había equivocado.

Desde que estaban recién casados Clotilde había demostrado ser una mujer coqueta y con su manera de mirar a los hombres y de vestir, provocaba los ojos lascivos de los vecinos y amigos de Juan.

El le temía mucho porque cuando le reclamaba, ella lo amenazaba con dejarlo y solo malas palabras salían de su boca mientras maldecía el día que se había casado con él.

"Ya me tenés harta Juan!!" gritaba con gran agresividad. "Agradecé que todavía estoy con vos, ya me debería haber largado hace unos cuantos años pero no, aquí estoy de éstupida y encima todavía me jodés la vida".

Cuando Clotilde se ponía con sus cosas Juan la miraba de arriba a abajo y se moría por abrazarla, la encontraba tan atractiva, aún con aquellos vestidos tan inmodestos que ella usaba, pero controlaba sus deseos y daba media vuelta y se iba a su habitación para no tomarla entre sus brazos.

Sin embargo, había algo que iluminaba los ojos de Juan y no le permitía arrepentirse ni un solo instante de haberse casado con Clotilde y ésto eran sus pequeños hijos, Marcos y Carlitos.

Eran gemelos y hoy tenían ocho años de edad. Cuando su madre les gritaba a ellos y a Juan, los dos corrían a los brazos de su padre y se sentaban con él para que Juan les contara algún cuento de camino y algunas veces, cuando no tenían que ir a la escuela se iban con él al mercado.

Juan soñaba con el día en que pudiera llevarse bien con su mujer y ser felices los cuatro, pero ese día no llegaba y pacientemente pero con una enorme tristeza reflejada en su rostro, arrancaba una a una las hojas del almanaque que le habían regalado en la imprenta del pueblo, pero el milagro que Juan esperaba ansiosamente no llegaba.

"Tus gritos asustan a los gemelos mujer!, no es para tanto", le decía Juan a Clotilde cuando ésta perdía el control.

Algunas veces Juan pensaba si acaso sería mejor llevarse a sus hijos y empezar una vida nueva lejos de aquella mujer que siempre estaba de mal humor.

Por las noches, cuando las luces de la casa se apagaban y los gemelos se dormían, Juan intentaba acercarse a ella y acariciarla, pero Clotilde siempre lo rechazaba mientras él lleno de frustración se aferraba a su almohada fría y se volteaba hacia la pared de adobe para que ella no viera sus lágrimas.

Las malas lenguas de los vecinos chismosos le decían a Juan, que mientras él se partía el lomo trabajando todo el día en el mercado y sus hijos se iban a la escuela, a su mujer la veían conversando con Mr. Robert, quien era el dueño de la Panadería New York, la cual quedaba como a dos cuadras de donde ellos vivían.

Juan se hacía el maje, pues no quería alzarle pleito a Clotilde sobre algo que a él no le constaba y además la conocía perfectamente que ella lo iba a negar y se iba a soltar, con una serie de maldiciones e insultos.

Saliendo de aquellos pensamientos dolorosos, de pronto se dio cuenta que como autómata había manejado y se encontraba frente a su casa parqueando su vieja camioneta azul.

Aquella camioneta que Juan había comprado con el esfuerzo de su trabajo, la cual olía a verdura rancia pues Juan la usaba para jalar sus mercancías y vegetales que vendía en el mercado.

Entró en su casa y notó que ni su mujer, ni sus hijos estaban, pues la casa estaba oscura, por lo que casi le maja el rabo al perro que se encontraba echado junto a la puerta.

Juan no pudo ocultar su desconcierto, pues generalmente a esas horas, su mujer y sus hijos estaban en casa escuchando la radio novela de Chucho El Roto, la preferida de los gemelos y de Clotilde.

Se dirigió hacia la cocina para servirse un vaso de leche fría y calentarse algo que hubiera quedado de la noche anterior.

Ahí fue donde se llevó el golpe de su vida. Había llegado el momento con el que él más temía. Una carta en un sobre blanco se encontraba sobre la mesa del comedor.

Con manos temblorosas y sudorosas la tomó en sus manos, como si supiera lo que aquella carta decía.

Sus ojos se nublaron al leer el sobre que escrito con puño y letra de la mano de su mujer, que decía "Querido Juan".

Aquellas letras se clavaron como puñales en sus ojos llenos de lágrimas y de terror, lo cual no le permitía a Juan abrir la misiva.

Miró a su alrededor y observó que habían ropas de sus hijos y de su mujer tiradas por el suelo. También ahí se encontraban los juguetes que le había regalado a sus queridos gemelos la pasada navidad.

Juan observó, el montón de papeles arrugados que estaban tirados en el basurero de la cocina; era como si Clotilde hubiera empezado aquella carta una y otra vez, porque su conciencia no le permitía terminarla.

Juan no se atrevía a abrirla, porque de antemano sabía lo que decía. No quería que al hacerlo su corazón se partiera en mil pedazos.

Se fue a su dormitorio con el sobre en sus manos y se tiró en la cama, mirando hacia el cielo raso mientras dejaba su mente volar sin control.

La personalidad que Juan tenía no hacía honor a su nombre. El definitivamente no era un "don Juan", todo lo contrario, era un hombre cuyo único deseo era ser feliz con su mujer y sus hijos.

Recordó el día de su boda, que linda lucía su mujer frente al altar con aquel vestido blanco, que él le había comprado con el esfuerzo de su trabajo.

Juan recordaba como dos años más tarde, el vientre de su mujer se había inflado poco a poco lo cual lo había hecho a él, tan pero tan feliz.

Aunque en aquel momento, el tramo del mercado no estaba muy bien economicamente, él se mataba trabajando con tal que a su mujer y a sus bebés que estaban por nacer, no les faltara nada.

Con el esfuerzo de su trabajo habían podido ahorrar unos cuantos colones, para dar la prima para su humilde casita en la que hoy, vivían en su amado pueblo de Dulce Nombre.

Aquella casita a la cual con mucho esfuerzo y sudor de su frente, ya le había podido poner piso de madera en los cuartos y la sala; además, como si eso fuera poco le había puesto mosaico rojo en la cocina y el comedor.

En esa casa había un tesoro de recuerdos bonitos con sus hijos, pero también su hogar almacenaba memorias muy tristes con su mujer.

Todos aquellos recuerdos golpeaban hoy la mente de Juan, mientras apretaba el sobre entre sus manos y dos gruesas lágrimas, cruzaban sus mejillas, quemándolas con aquel fuego profundo de su dolor.

Decidido a hacer lo que pensaba, se levantó rápidamente de su cama y posó su vista en la carta.

Se frotó los ojos con rabia, limpiando sus lágrimas incontenibles, las cuales borraron la tinta azul, con la que estaba escrito su nombre, en el sobre haciendo las letras ilegibles

Se dirigió al baño y sin leerla rompió en mil pedazos aquella carta, luego la tiró al inodoro y jaló la cadena.

No había tiempo que perder, no podía quedarse ahí llorando y leyendo lo que no quería aceptar.

Su mujer y sus hijos no podían estar muy lejos, él los buscaría hasta por debajo de las piedras y recuperaría lo único que le importaba, sus gemelitos, que no tenían por qué sufrir las consecuencias, del gran error que él había cometido al casarse con Clotilde.

Eran alrededor de las seis y cuarto de la tarde, salió de su casa con paso aligerado y se subió a su camioneta.

Al pasar por la panadería Nueva York, observó que ahí estaba el gringo como de costumbre, atendiendo a su clientela y oyendo música de Jazz. A su lado se encontraba su mujer.

Clotilde no estaba ahí. Estaba seguro que los rumores eran chismes de las viejas del pueblo.

Ella no era una mujer inteligente, no podría haber ido muy lejos. Los buses hacia Alajuela salían cada treinta minutos.

Tenía que apresurarse e ir al comisariato, para reportar la huída de su mujer con sus gemelos. El no la dejaría que ella le robara lo más preciado que él tenía en la vida.

Juan apretó el acelerador y se dirigió al abogado de Dulce Nombre, el cual tenía su bufete, trescientas varas al sur de donde Juan vivía.

Tenía que razonar aunque su mente daba vueltas alrededor de su angustiado cerebro. Primero le pondría la demanda de divorcio a Clotilde y la acusaría de abandono al hogar.

Clotilde perdería la patria potestad de sus hijos por haberlo abandonado y de esa manera, él rescataría a sus hijos de aquella malvada mujer, que lo había herido por tanto tiempo.

Juan no sentía coraje en aquel momento, sentía una profunda tristeza; no la odiaba, la despreciaba, pero no la dejaría que se saliera con la suya, de eso estaba completamente seguro.

Con paso firme y acomodándose su cabello con sus dedos, se dirigió a la Comisaría para reportar el rapto de sus dos hijos. El no estaba dispuesto a perderlos, eran su mayor tesoro.

Un juez le concedería la patria potestad de los gemelos y eso era todo lo que Juan necesitaba en aquel momento.

El divorcio vendría después, el cual tomaría algún tiempo pues posiblemente Clotilde, no iba a cooperar con él y darle el divorcio fácilmente.

Una vez hizo sus diligencias en el comisariato y donde el abogado, limpiando sus lágrimas las cuales no paraban de salir, se dirigió nuevamente a lo que alguna vez había creído se llamaba "hogar" y se sentó en la mecedora del corredor a mirar los papeles, que le había dado el comisario y el papel que había firmado en las oficinas del abogado.

Mirando hacia el vacío, Juan Orozco sonrió confiando que la vida le haría justicia y aquello que hoy lo afectaba hasta lo más profundo de sus entrañas, un buen día sería algo pasajero, algo así como un mal sueño.

De pronto sus ojos se enfocaron en los carros de policía que cercaban la zona de la Panadería New York. Qué estaba sucediendo se preguntaba Juan, todavía anonadado por el impacto de la partida de su familia.

"Juan, ya supo lo que pasó?" le gritó Rigo su empleado. "Cómo está aquí tan tranquilo? Qué no sabe todavía lo que pasó?"

Juan lo miró confundido y cuando estaba a punto de cruzar la calle para preguntarle a Rigo sobre lo que había sucedido, un par de policías se bajaron de una patrulla.

Para la sorpresa de Juan que no entendía nada, se acercaron a él con sus hijos, sus amados hijos, a los que él creía, se habían ido lejos con su madre.

Miró a los policías confundido y al mismo tiempo miró a los gemelos, mientras ambos niños temerosos, se aferraban a sus piernas llorando desconsolados.

Juan se sentó en sus cuclillas y los abrazó tratando de calmarlos. No sabía donde estaba Clotilde. Qué estaba pasando? se preguntaba.

Las preguntas le martillaban sus sentidos. No entendía nada de lo que estaba ocurriendo.

Sofía, la madre de Rigo, llorosa y con una voz temblorosa, se acercó al corredor mientras decía "Juan, si querés me los llevo, mientras hablás con los policías".

Juan la miró confundido. Qué tenía él que hablar con los policías? Acaso, tan pronto habían arrestado a Clotilde? El la sacaría de la cárcel aquel mismo día. Juan no había puesto cargos contra ella. Simplemente quería la patria potestad de los gemelos.

"Qué está ocurriendo? no entiendo Sofía" dijo Juan totalmente ajeno a la tragedia que acababa de ocurrir.

"Qué no sabés lo que pasó Juan? Cómo es posible?" dijo ella entre lágrimas.

"No, no sé. Qué pasó?" dijo Juan mirando a los policías quienes trataban por todos los medios de hablar con él.

Los policías no le dieron tiempo a Sofía de contestar e interrumpiéndola uno de ellos dijo:

"Su esposa Clotilde está muerta. Necesitamos que vaya a la Morgue Municipal de Alajuela a identificar el cuerpo"

Al oir aquellas palabras, Juan los miró con ojos desorbitados mientras lanzó un grito que no pudo controlar.

"Queeeé? Qué dice usted?" "Cuando? Cómo? Que pasó?" Miró a sus gemelitos los cuales se habían calmado un poco y luego miró al policía.

"La esposa del panadero, Mary Harrison, está detenida, ella fue la que la mató, Juan", dijo el policía mientras sacaba unos papeles de su carpeta.

"Aparentemente, tuvieron un pleito cuando su esposa estaba a punto de tomar el bus con Mr. Robert; la señora Mary los alcanzó y se subió al bus y empujó violentamente a su esposa, la cual desafortunadamente cayó bajo las llantas del autobus. Lo siento mucho. No logró sobrevivir el accidente".

"A qué horas ocurrió esto?" dijo Juan sin poder creerlo. Yo acabo de ver a la señora Mary en la panadería con su esposo. No hará tres horas cuando iba para Alajuela, a hacer algunas diligencias.

"Probablemente, el incidente ocurrió durante esas horas". Dijo el policía carraspeando. "Por favor, síganos hasta la morgue, para entregarle el cuerpo de su esposa", agregó el otro policía que hasta el momento había permanecido en silencio.

Juan no entendía entonces donde se había metido Clotilde con los niños, cuando había abandonado su casa? Miró el reloj y eran las diez y media de la noche. A las cinco y media de la tarde él había entrado en su casa y ahí era cuando se había dado cuenta que Clotilde se había ido con sus hijos.

Solo habían pasado cuatro horas y media, y su vida ya había dado un giro de ciento ochenta grados.
Miró a Sofía y a los gemelos, quienes lo veían como si no se quisieran separarse de él ni por un instante.

Con manos temblorosas, Juan tomó a sus hijos por los hombros, y les dijo suavemente, "necesito que se queden con doña Sofía por un par de horas, yo los recojo en casa de ella".

Diciendo ésto, les dio un beso en sus mejillas y tomó la chaqueta y su sombrero que se encontraban colgando detrás de la puerta y salió apresurado de su casa.

La investigación duró alrededor de un mes y el juicio contra la esposa del gringo, quien fue hallada culpable de un crimen no premeditado, la condenó a quince años de prisión.

Mr. Robert, devastado por la situación de su esposa, vendió su panadería y se fue para New York y nunca más se le volvió a ver por las tierras de Dulce Nombre.

Los vecinos del pueblo, comentaron por muchos años sobre aquel crímen pasional, y según decían las malas lenguas, la gringa había encontrado al panadero y a Clotilde en su cama.

La gringa fue transferida a la prisión estatal de New York, para que continuara su condena en los Estados Unidos.

Los años pasaron y el dolor de Juan y de sus dos hijos, fue aminorando poco a poco.

Marcos, Carlos y Juan Orozco, trabajaron hombro a hombro para que su negocio se expandiera.

Diez años más tarde...

Después de la tragedia, Juan y sus dos hijos tenían tres tramos en el Mercado Central de Alajuela; uno de verduras, otro de granos y una ferretería.

La tragedia había quedado atrás y hoy día Juan y sus hijos tenían un futuro asegurado para las generaciones venideras.

2

El Maleficio
(Zapote - 1967)

Este cuento, El Maleficio, toma lugar en los alrededores de Zapote, donde los costarricenses celebramos las tradicionales fiestas de fin de año.

Tanto las parejas de enamorados como las familias, disfrutan de las famosas corridas de toros de Zapote.

Los juegos mecánicos donde los gritos de pánico y de alegría se confunden en el bullicio son el deleite de muchos de los ticos que esperan con alegría estas fiestas.

Los personajes de esta historia nunca estuvieron en las fiestas de Zapote, pues lo que aquí se narra es imaginación de la autora.

El fin de la historia es recordar esas fiestas de Zapote en los que muchos de los costarricenses, algún día nos dimos el abrazo del año nuevo, comimos chicharrones, tomamos alguna cervecita y bailamos al compás de algún conjunto musical.

¿Diay qué mae? ¿Pura vida? Sonia B. F. Arias

El Maleficio
(Zapote - 1967)

Carmen Molina se encontraba sentada en el corredor de su casa con su novio, con el cual tenía tres años de noviazgo.

Era el 27 de diciembre del 2005 y acababan de regresar de las fiestas de Zapote. Aunque se habían divertido jugando al tiro al blanco y él había ganado un oso de peluche para Carmen, sus rostros ahora estaban tristes.

No había nada que le gustara más a Carmen que divertirse en las fiestas de fin de año, le encantaban las corridas de toros, jugar a los dados en los puestos de las fiestas, comer aquel sabroso palillo ranchero con la carne recién asada y saborear los enormes algodones de azúcar, rosados como el vestido que ella lucía aquel día.

Carmen Molina era una muchacha delgada, pero su cuerpo bien proporcionado la hacía verse muy bien formada.

Uno de sus mayores encantos era su femineidad y eso era lo que había cautivado la atención de muchos de sus pretendientes, que vivían en Zapote y Curridabat, a los cuales se les iban los ojos, cuando Carmen pasaba cerca.

Sus cabellos negros hacían un contraste exótico con sus ojos verdes que había heredado de su bisabuelo.

Carmen nunca le hacía caso a los pachucos que la piropeaban cuando iba de compras a la Avenida Central. Todo lo contrario la intimidaban y ella se asustaba; por eso prefería ir, cuando su madre la podía acompañar y ahora, que tenía a Benjamín a su lado, pues iba con él a todas partes.

Su mirada aquella noche era sombría y sus ojos destellaban una lánguida tristeza difícil de disimular. Carmen tenía tan solo veinte años, estaba en la flor de la edad, donde todas las jóvenes ven las cosas color de rosa.

Benjamín Cárdenas era de San Rafael de Heredia y le pasaba en edad por unos pocos meses nada más.

Benjamín se había trasladado a vivir a San José porque era estudiante de la Universidad de Costa Rica.

Vivía en casa de sus tíos maternos cerca de la iglesia católica de Zapote, como a unas tres o cuatro cuadras de donde vivía, la que hasta hoy había sido su novia.

Se había ido a vivir a San José desde hacía cinco años, pues sus padres habían insistido que continuara sus estudios en la Universidad de Costa Rica.

Benjamín era estudiante de la facultad de farmacia y todo iba a pedir de boca, hasta que se diera cuenta de aquel secreto de familia que hoy lo obligaba a terminar con su novia Carmen.

No había vuelta atrás, él la miraba sin atreverse a consolarla, sabiendo que aquella decisión, destrozaba no sólo el corazón de Carmen pero también el suyo propio y sus planes de ser feliz con ella, pero no tenía otra opción.

Benjamín todavía no había abierto su boca para hablar pero si le había anunciado, con mucha seriedad a Carmen, que tenían que hablar sobre algo que a ella no le iba a gustar y esa era la razón de la tristeza de Carmen.

El sabía que Carmen no merecía que él le mintiera pero no tenía otra opción, aunque sentía que con sus palabras le iba a partir el corazón a su amada novia.

"Carmen, yo no estoy listo para casarme con vos, estoy muy joven, la carrera que estoy llevando en la UCR requiere mucho tiempo de mí y…."

Ella no lo dejó continuar, sus lágrimas estaban a punto de salir y ella sabía que si se ponía sentimental, no iba a poder evitar que la tristeza que guardaba su alma en aquel momento, saliera a flote.

"Benjamín, ya entendí, no tenés que explicarme nada más, ahora sé lo que tenías que decirme, vos querés terminar conmigo y yo te entiendo"

Carmen quería desaparecer dentro de su casa y que él no la viera llorar cuando entrara en su dormitorio.

Quería hacerlo aferrada a su almohada, para que su madre no la escuchara tampoco.

Benjamín percibió que ella quería despedirse cuanto antes, pero antes de irse a su casa él tomó un anillo que sacó de su bolsillo y lo deslizó en el dedo de Carmen, quien no salía de su sorpresa.

"Qué es esto? Por qué me das este anillo? No puedo recibirlo de ninguna manera. Tomá, no lo quiero aceptar, tenés que respetar mi decisión asi como yo he respetado la tuya"

Benjamín insistió diciendo "Este anillo no significa ningún compromiso Carmen, es sólo un anillo de monograma con tus iniciales, no tiene las mías impresas, sólo quiero dártelo porque lo tenía guardado para entregártelo el día de nuestro cuarto aniversario pero esa fecha no llegó. Por favor aceptálo, será lo ultimo que podré regalarte"

Carmen se quedó contemplando el anillo que tenía las iniciales CM y por un momento se rehusó a aceptarlo, pero al oír las palabras del que había sido su novio hasta aquel día, no se resistió con tal que él se fuera pronto.

"Está bien Benjamín, está bien, no voy a rechazarlo, será un bello recuerdo de lo que fue nuestro amor; ahora me tengo que ir, tengo que ayudar a mi mamá con sus costuras. Mañana temprano tiene que entregar el traje de novia de Laura; por cierto, no creo que vaya a ir a la boda"

"Por qué no? No le podés hacer eso a Laura. Ella cuenta con nosotros en su corte nupcial. Quién será mi pareja? Si vos no vas, yo no iré tampoco pero ella cuenta con los dos. Laura y Raúl nos han pedido que seamos los primeros padrinos"

Carmen ya casi en la puerta de su casa miró a su ex novio y antes de entrar añadió: "OK, lo pensaré, quizás tenés razón pero no sé… No me voy a sentir bien, la gente nos preguntará cuando será nuestra boda y yo no quiero mentir"

Benjamín no insistió más, hubiera querido decirle que todo seguía igual, que él la amaba y que todo lo que le había dicho aquella noche era mentira. La UCR y sus estudios no tenían nada que ver con su decisión de querer terminar con ella.

El motivo era otro, algo que ella no sospechaba ni sabría jamás. El no quería que Carmen, aquella muchacha dulce, con la que él había pensado casarse cuando terminara sus estudios, sufriera por su culpa.

Bajando su cabeza Benjamín se despidió de ella con un beso en la frente y ella, en cierta manera, lo apartó rápido. No quería que su rostro se rozara con el de él, pues le dolía demasiado.

Entró a la casa y trató de disimular con su madre lo que acababa de ocurrir afuera. Doña Rosita la miró sorprendida,

¿Diay qué mae? ¿Pura vida? Sonia B. F. Arias

ajena a lo que estaba pasando, mientras decía: "Cómo? Ya se fue Benjamín? Casi no se quedó nada hoy".

Carmen sacando fuerzas de donde no las tenía disimuló diciendo, "Tiene un exámen esta semana y me dijo que se iba a quedar en su casa para aprovechar bien el tiempo".

Doña Rosita muy naturalmente volvió a su bordado y Carmen se sentó a su lado para ayudarla. "Mami, dejá que te ayude, no vas a terminar hoy, si no te apurás. Laura dijo que recogería el vestido al mediodía"

"Gracias m'ijita, tenés razón, si no me apuro voy a quedar mal y trajes de bautizo o de novia no se pueden atrasar. Pasáme esas perlitas más grandes y ponéselas al velo. Con eso me vas a adelantar mucho el camino".

Aquella noche, ambas se fueron a dormir casi a las tres de la mañana, cuando su padre entró a la casa.

Su padre, Joaquín Molina, trabajaba limpiando el Hospital Calderón Guardia y su turno era de noche.

Siempre llegaba a casa de madrugada y con mucho dolor de pies.

Carmen lo veía, como llegando a casa calentaba agua y luego metía sus pies hinchados dentro de una palangana para aliviar el cansancio.

Ella y su madre, la mayoría de las veces estaban dormidas cuando Joaquín llegaba pero aquella noche era especial porque doña Rosita estaba atrasada en su trabajo.

"Hola mis amores" dijo Joaquín al saludar; luego, dirigiéndose a Carmen, le dio un beso en su frente y la abrazó fuertemente.

Después se acercó a su mujer y le palmeó su espalda dándole un ligero beso en sus labios.

Doña Rosita se paró de la máquina de coser como un rayo y se dispuso a servirle la cena a su marido, mejor dicho, era un desayuno.

Él, como siempre lo hacía, sacó La Nación de su maletín y se dispuso a leer el periódico después de meter sus pies en el agua caliente.

Carmen una vez terminó el bordado del velo que luciría su amiga Laura, besó a sus padres, se despidió de ambos y se fue directa a su dormitorio.

Miles de ideas pasaron por su mente en aquel momento. Qué estaba pasando? Acaso era un mal sueño y pronto iba a despertar? No podía ser que Benjamín hubiera terminado su relación con ella.

Ella lo amaba y creía que él también. Se lo imagino besando a alguna muchacha universitaria y su rostro se bañó con las lágrimas que había estado conteniendo desde hacía rato.

Miró el anillo de su mano, era precioso, de oro puro y a su medida.

Apenas estaba terminando el año y él ya tenía guardado el regalo para su cuarto aniversario, que iba a cumplirse en abril.

Carmen, sin pensar en nada más se tiró en su cama y apretando la almohada contra su rostro para que sus padres no la escucharan, lloró amargamente.

No se dió cuenta a qué horas se durmió. Como explicaría a sus padres, que Benjamín había terminado con ella. Carmen no había podido estudiar en la Universidad porque sus padres no tenían los medios para ayudarla.

Lo poco que su papá ganaba en el hospital y lo que su madre hacía con las costuras, no era suficiente para que ella pudiera dejar de trabajar en la tienda La Gloria.

Carmen trabajaba en la tienda ocho horas diarias y hasta hacía horas extras durante los fines de semana.

Benjamín le había prometido, que cuando se casaran, él le iba a pagar sus estudios pues su sueño era graduarse de enfermera, algún día.

Mientras esto ocurría en casa de Carmen, Benjamín daba vueltas y vueltas en su cama sin poder conciliar el sueño.

Tenía que decirle la verdad; Carmen tenía derecho a saber lo que su padre le había confesado y el verdadero motivo del por qué, él se había visto obligado a terminar con ella.

Al día siguiente, cuando salió de la Universidad, se fue directo a casa de su ex novia, la cual se encontraba preparando la cena con su mamá.

Carmen no lo esperaba, ni remotamente le pasaba por la cabeza que él iba a llegar, por tanto no estaba arreglada para recibirlo.

Se había recogido su cabello en una cola de caballo y vestía unos shorts de mezclilla con una blusa roja de tirantes delgados. Era un día en el que hacía mucho calor y Carmen traía puestas unas sandalias sin medias. El escote de la blusa dejaba al descubierto la mitad de su espalda y parte de sus senos.

Benjamín no pudo disimular el impacto que le causó verla vestida de aquel modo. Carmen era una muchacha con una belleza natural que no necesitaba mucho maquillaje, para verse hermosa.

Su piel morena, hacía un contraste especial con sus cabellos negros y sus profundos ojos verdes. Siempre se vestía muy recatada cuando salía con él pero aquel día Benjamín la había tomado por sorpresa.

Carmen, al verlo parado ahí frente a ella sin decir nada, se sonrojó al ver como la miraba su ex novio, de arriba a abajo pero disimulando su congoja con su mirada le preguntó, que hacía ahí a esas horas.

"Necesito que hablemos, Carmen, por favor" dijo Benjamín casi susurrándoselo al oído para que su madre no lo escuchara.

"Quién es?" gritó doña Rosita desde adentro. "Si es Pedro, el del abastecedor, decíle que tu papá pasa mañana a pagarle lo que le debemos" dijo su madre con una voz muy natural.

"No, mamá no es don Pedro, es Benjamín" doña Rosita ya venía saliendo de la cocina, y limpiándose las manos en el delantal, ajena de lo que estaba pasando, saludó a Benjamín con gran naturalidad.

"Cómo está doña Rosita?" dijo él, cortésmente saludando a la que hasta aquel día había sido su suegra.

"Bien, hijo, bien. Me dijo Carmen que estás estudiando mucho para los exámenes, qué bueno, me alegro que te empunchés".

En la mirada de ambos jóvenes, doña Rosita percibió que ella estaba estorbando y decidió, prudentemente, retirarse a la cocina para continuar con la cena.

"Carmen lo que te dije ayer no es la verdad. Yo te amo. Y por lo mismo que te amo tanto, tengo que dejarte ir para protegerte"

Diciendo esto, Benjamín la tomó con sus dos brazos y apretándola contra su pecho le susurró al oído. "Mamita, no tenés la menor idea de cuánto estoy sufriendo. Te amo y no quiero renunciar a vos".

Ella lo apartó de inmediato diciendo "Mirá Benjamín, no sé a qué viene todo esto. Ayer hablaste muy claro conmigo y hoy venís con otra historia completamente distinta. Yo no soy tu juguete ni tu muñeca, a la que podés soltar un día, hacerla llorar hasta morir por dentro y luego venir al día siguiente a decirme que me amás. Qué juego es éste?"

"Ven, por favor, tenés toda la razón en lo que decís, pero dejáme explicarte qué pasó".

Carmen un poco más calmada, aunque todavía un poco molesta, se sentó a su lado a escucharlo.

"Hace dos semanas, cuando fuí a hablar con mi papá sobre mis planes de casarme con vos, le dije que te iba a proponer matrimonio cuando cumpliéramos cuatro años de noviazgo. Le dije que me acompañara a la joyería a comprar tu anillo de compromiso."

Carmen seguía sin entender lo que Benjamín le estaba diciendo. Entonces era eso; a su papá le había parecido ella muy poca cosa y probablemente le dijo a su ex novio que si se casaba con ella, él lo iba a desheredar.

"Te dijo que yo no le gustaba para vos, verdad? Decíme la verdad. Eso fue lo que tu papá te dijo?"

Benjamín la miró con tristeza y añadió "Me crees capaz de terminar con lo nuestro porque mi papá no esté de acuerdo? Tan poca cosa crees que soy? Un hombre, que prefiere tener dinero, a cambio de renunciar al amor de su vida?"

"Entonces decíme, qué pasó Ben, ya no sé qué pensar. Yo te amo y estoy sufriendo mucho y hoy en la mañana estaba decidida a olvidarte y ahora venís vos a decirme que me seguís amando pero que no podés seguir conmigo. No entiendo nada!"

"Carmen te lo voy a explicar ahora mismo, a eso vine. La razón por la cual yo no me puedo casar con vos es porque mis bisabuelos maldijeron a todos los primogénitos de mi familia"

Carmen seguía sin entender pero no lo interrumpió.

"Mi papá descubrió al morir la esposa de mi primo el año pasado, que debajo del piso de la cocina, había enterrado un maleficio que afecta a la primera generación de cada familia".

"Queeé?" gritó Carmen, sin querer interrumpirlo pero no pudo evitarlo.

"Vos crees en esas cosas? La esposa de tu primo murió porque se descuidó el cáncer en el pecho y no quiso recibir el tratamiento. Eso no es culpa de ningún maleficio, por Dios!!" dijo Carmen perdiendo la paciencia.

"No, Carmen te equivocás, la esposa de mi primo murió porque mis bisabuelos nos maldijeron e hicieron un conjuro a todos los primogénitos de nuestra familia. Ya han quedado viudos tres de mis primos y todas las causas han sido diferentes pero ninguna de sus esposas han podido concebir un hijo, te das cuenta?. Eso no puede ser coincidencia"

Carmen no sabía qué decir, Benjamín hablaba con tanta seguridad que era difícil no creerle. "Acaso crees que si nosotros nos casamos yo voy a morir y no podré darte un hijo? Entonces qué pensás hacer, quedarte solo por el resto de tus días o entrar a un monasterio?"

Benjamín la tomó entre sus brazos y la besó apasionadamente en sus labios mientras le decía "Amor, no entendés que temo por tu vida? Prefiero renunciar a vos, antes que te toque ese maleficio!"

Benjamín no quería soltarla pero Carmen se separó de él y dijo "No, Benjamín, yo también te amo y esto tan absurdo no nos va a separar. Mañana mismo iremos a consultar con el padre de la Iglesia de Zapote. Él nos aconsejará qué hacer y dónde acudir"

Carmen le pidió, a su jefe, permiso al día siguiente para salir temprano y Benjamín la recogió en la tienda para ir juntos a hablar con el Padre Castro.

"Adelante, hijos, adelante! Me imagino que vienen a pedir las amonestaciones. Ya sabía que pronto comeríamos queque de novia".

Carmen y Benjamín se miraron uno al otro y el Padre, al ver que sus rostros reflejaban una gran angustia, se dió cuenta inmediatamente que el motivo de la visita era otro.

"Padrecito, no!! Qué más quisiera yo", dijo Benjamín, mirando fijamente a Carmen. "Lo que nos trae aquí es otra cosa, algo muy grave que tenemos que decirle".

El Padre, escuchó atentamente lo que Benjamín le dijo y cuando éste terminó, le dijo con gran autoridad. "Hijos míos entiendo su preocupación. Sobre todo, a vos Benjamín, te entiendo perfectamente; tenés miedo de que algo le pase a

Carmencita y por eso preferís renunciar a ella pero el poder de Dios es más grande, que las intenciones malévolas de un ser humano".

El padre Castro se levantó de donde estaba e hizo unas cuantas llamadas y luego regresó para explicarles a Benjamín y a Carmen cuál era su plan.

"Miren hijos, este sábado voy a ir yo con el Padre Zeledonio a casa de tus padres, Benjamín. El Padre Zeledonio es especialista en este tipo de cosas y él va a cancelar en casa de tus padres y en el lugar donde encontraron ese entierro, cualquier maldición lanzada no sólo contra los primógenitos de tu familia sino también cubrirá a las generaciones venideras.

Llevaremos mostaza, ruda, agua bendita y sal, pero sobre todo la Biblia para echar fuera cualquier espíritu maligno que esté atormentando tu hogar.

"Padre" interrumpió Carmen, "Podríamos ir el domingo en vez del sábado?" y mirando a Benjamín, dijo sonriendo, "Es que el sábado es la boda de nuestros mejores amigos en Curridabat y tenemos que desfilar. Somos los primeros padrinos" el domingo está bien, iremos después de la misa del mediodía" dijo el Padre Castro complacido.

La boda de Raúl y Laura estuvo muy lucida, al punto que hizo soñar a Carmen y a Benjamín sobre su propia boda.

Benjamín y Carmen fueron objeto de muchas bromas por parte de todos sus amigos, quienes gritaban a todo galillo, que su boda sería la próxima.

Ellos, aún, con un dolor inexplicable por dentro que les decía que no todo estaba solucionado, sonreían siguiéndoles la corriente pero por dentro se sentían un poco preocupados.

Carmen no logró apañar el bouquet que Laura tirara a sus amigas solteras, tampoco Benjamín había podido atrapar la liga que Raúl lanzara al aire para sus amigos.

Ese detalle no tenía importancia, eso era pura superstición y si algún día ellos podían unir sus vidas frente a un altar, sólo Dios lo sabía.

Por fin llegó el domingo y ambos se levantaron muy temprano para dirigirse a la casa cural, donde los esperaban el Padre Castro con su colega el Padre Zeledonio.

Partieron para Heredia alrededor de mediodía y los padres de Benjamín, personas campesinas, sencillas, aunque muy acaudalados, los recibieron con bombos y platillos y con un exquisito almuerzo.

Benjamín le explicó a su papá el motivo de la visita de los sacerdotes y aunque un poco dudoso, don Clemente Cárdenas escuchó con atención, lo que su hijo le decía.

"Está bien, a petición de mi hijo, les enseñaré donde fue hallado el entierro" dijo don Clemente con gran naturalidad.

"Disculpe don Clemente, el entierro está aún ahí o ya lo sacaron?" dijo el Padre Zeledonio un poco preocupado.

"Todavía se encuentra ahí, Padre. Nadie se ha atrevido a tocarlo, todos creemos que las muertes de la esposa de mi hermano mayor, la de la esposa de mi sobrino y la de la esposa de mi primo, han sido causadas por este mal".

"Cuéntenos un poco la historia original, don Clemente, por supuesto, si no le incomoda hacerlo", dijo el Padre Castro mientras tomaba asiento en la sala en casa de los Cárdenas.

"Mire Padre, todo empezó a fines de los 1800's. Mi bisabuelo tuvo dos hijos. Uno de estos hijos fue mi abuelo. El padre de mi mamá".

Todos los presentes escuchaban atentos la historia que por primera vez estaban escuchando de labios de don Clemente.

"Demetrio Torres, era el hermano menor de mi abuelo, Casimiro. Se llevaban dos años de diferencia y ambos compartían sus amistades. Los dos se enamoraron de una linda muchacha mulata de Limón. Mi bisabuelo enfureció al escuchar la noticia, primero porque Coleen era mulata y segundo porque su hijo favorito era Casimiro, su hijo mayor y por nada del mundo quería ver a su hijo predilecto unirse a una mujer negra".

Todos en la sala seguían con gran atención aquella historia pero ninguno tenía idea cual iba a ser el fin y el porqué del maleficio.

"Mi tío abuelo Demetrio, se enfureció cuando se dió cuenta que su hermano mayor pretendía conquistar a Coleen Wilson, quien era una muchacha muy alegre, de labios gruesos y con curvas muy exhuberantes y los amenazó de muerte".

Como don Clemente se diera cuenta que todos querían que él llegara pronto al punto que les interesaba escuchar, aligeró la historia.

"Mi abuelo al oir semejante amenaza, tuvo temor que su hermano menor, enfurecido por los celos los matara a él y a Coleen, y una noche, poniéndose de acuerdo con ella, huyeron hacia Nicaragua sin decírselo a nadie. Mi tío abuelo Demetrio, cuando supo de la traición de su hermano y su amada, enfurecido se ahorcó de un árbol de mango que estaba cerca de su casa. Este fué un dolor tan grande para mis bisabuelos que no lo pudieron soportar y ahi fue donde hicieron ese conjuro maldito para que mi bisabuelo no pudiera tener hijos con Coleen"

Bajando su voz, Clemente dijo con mucha solemnidad. "Cuando Coleen se embarazó, mi abuelo Demetrio se puso muy feliz y contaban los meses para que naciera el bebé. Una noche de luna, Coleen gritaba del dolor pues el parto se acercaba. Mi abuelo tomó su caballo para llevarla a casa de la partera del pueblo. Tenían que cruzar el río, el cual estaba crecido aquella noche, el caballo no pudo cruzar y Coleen murió de un parto complicado al igual que su hijito".

Todos se miraron en pánico cuando Clemente bajando su cabeza finalizó la historia.

"Años después cuando mi abuelo superó la muerte de Coleen, se enamoró de mi abuela y tuvieron a mi madre".

Don Clemente Cárdenas con un nudo en la garganta continuó diciendo:

"La esposa de mi primo hermano, Gustavo, murió de cáncer hace tres años sin haber podido concebir. La esposa del hijo mayor de mi hermano Saúl murió en un accidente de auto hace diez años cuando estaba embarazada de su primer hijo"

Aun bajando más su voz don Clemente añadió.

"Mi hijo mayor es Benjamín y hace unas semanas nos dijo que quiere casarse con Carmen. Yo le conté esta historia, con menos detalle por supuesto"

Los sacerdotes se miraron el uno al otro y el Padre Castro fue el primero en hablar: "Don Clemente llévenos donde se encuentra ese entierro".

El Padre Zeledonio y el Padre Castro, se dirijieron al lugar con el padre de Benjamín en silencio.

Todos los demás quedaron en la sala esperando noticias. Nadie comentó nada. Dos horas más tarde, al volver, ambos sacerdotes se miraban sudorosos y pálidos. Don Clemente también reflejaba en su rostro que aquella lucha había sido grande.

Solo dijeron unas pocas palabras. "Todo estará bien de ahora en adelante, la batalla espiritual fue grande, el maleficio fue desactivado, quemado y lanzado al río. No tendrá ningún poder para dañar a nadie mas. Se los aseguro"

Un año después de aquella batalla al destruir el maleficio, Carmen y Benjamín frente al altar de la Iglesia de Zapote, acompañados por sus amigos y familiares, decían el "si" ante el Padre Castro quien complacido decía: "Benjamín puedes besar a tu esposa"

Esperaron un tiempo para tener su primer hijo, ambos estaban temerosos aunque habían sido testigos que el conjuro ya no existía, pero aún asi Benjamín tenía temor de embarazar a su esposa.

Cuatro años más tarde se convirtieron en los padres de Ana Cristina, una hermosa niña de ojos negros como los de su padre, la cual venía a sellar el fruto de su amor y al nacer aquella hermosa niña, sus padres terminaban con el temor de que aquel conjuro maldito pudiera afectar su felicidad y su familia.

3

San José – Cartago 1955

El Secreto de Ligia Salas se desarrolla en la ciudad de San José en el año de 1955.

Una época cuando los padres eran personas muy estrictos y conservadores con sus hijas.

Esta historia está basada en un hecho real que conmovió los corazones de los costarricenses cuando la noticia apareció en los principales periódicos.

Los nombres de las personas fueron cambiados por respeto a sus familiares y amigos.

Parte de la historia toma lugar en San José y otra parte en Cartago, en las faldas del Volcán Irazú donde ocurrió la tragedia.

El Secreto de Rosalía Salas

Ligia y Rosalía eran hermanas inseparables y muy pocas veces discutían entre ellas ni con sus padres don Mario Salas y su esposa doña Sarita de Salas.

Aquella noche ambas se encontraban pegadas a Radio City, escuchando la novela de "Los Tres Villalobos", que era transmitida diariamente en esa estación.

El padre de las jóvenes, don Mario, era dueño de una ferretería en el Barrio San Cayetano. El no había llegado aún de su trabajo porque generalmente cerraba cerca de las ocho de la noche.

"Ay, no puede ser, se me olvidó comprar el queso para hacer las empanaditas de plátano maduro, voy a ir rapidito a la pulpería de aquí a la par mientras dan los anuncios de la novela", dijo doña Sara, mientras se quitaba el delantal rápidamente y lo colgaba en un clavo en la cocina.

En el momento que doña Sara salía por la puerta de su casa timbró el teléfono que se encontraba en la pared de la sala.

Rosalía corrió a contestarlo mientras que Ligia siguió pegada a la radio sin mover ni un músculo.

"No me digás jajajajaja" se escuchaba Rosalía hablando con alguien que estaba al otro lado del auricular, "voy a decirle, claro, me encantaría" seguía Rosalía diciendo con gran entusiasmo.

Cuando doña Sara entró empezaba nuevamente la música característica que anunciaba el nuevo episodio de Los Tres Villalobos y Ligia le hizo señas a Rosalía con sus manos que se fuera a hablar al dormitorio.

Rosalía no se hizo esperar, corrió a su cuarto y continuó con sus carcajadas y coqueteos en el teléfono hasta que escuchó el sonido del llavín de la puerta el cual anunciaba la llegada de su papá.

Rosalía a sus dieciseis años, cursaba el cuarto año en el Colegio Superior de Señoritas y su hermana Ligia de dieciocho estudiaba en la Escuela Normal de Heredia y estaba a punto de convertirse en profesora de Historia y Geografía.

"Hola Papi, como le fue en el trabajo?" dijo Rosalía corriendo hacia la puerta muy sonriente para saludar a su padre.

Ella sabía que era la hija predilecta de don Mario y no quería perder su lugar. También Rosalía sabía que su padre la complacía en muchos de sus caprichos.

Sin embargo había uno en el que don Mario no cedía y este era en dejarla tener novio a su edad.

Doña Rosa se encontraba sirviendo las empanaditas de queso que había hecho mientras Ligia la ayudaba trayendo los platos para servir la mesa y sentarse a comer.

¿Diay qué mae? ¿Pura vida? Sonia B. F. Arias

Cuando terminó la novela, los cuatro se sentaron a la mesa y antes de devorar las deliciosas empanaditas, bendijeron los alimentos.

Antes de acostarse don Mario y doña Sara junto a sus hijas rezaron el Rosario y la novena de la Medalla Milagrosa como tenían por costumbre hacerlo todas las noches.

Esta era una de las tradiciones que la familia tenía antes de irse a la cama para levantarse temprano al día siguiente y continuar cada uno con sus labores.

"Papi, quiero pedirte permiso el domingo para ir a casa de mi amiga Marta Cecilia. El domingo cumple quince y la fiesta va a ser en su casa" dijo Rosalía temerosa de que su padre le negara aquella petición..

Su padre, un hombre estricto y de ideas muy conservadoras y sobre todo, altamente religioso miró a su hija menor y respondió: "Los Zeledón viven en Tres Ríos, como te vas a ir hasta allá?"

Rosalía miró a Ligia y luego añadió: "Ligia puede ir conmigo, ella es amiga de Flora, la hermana de Marta y no se ven desde hace mucho tiempo. El domingo será un buen día para que hablen"

A don Mario, no le gustaba para nada que sus hijas anduvieran en la calle y menos solas sin él o doña Sara, por eso dijo inmediatamente.

"Solas, las dos? Ni pensarlo. Yo las llevaré a casa de los Zeledón y las recojo en la tarde. A qué horas es la fiesta?"

Rosalía que tenía una facilidad enorme para mentirle a su padre, dijo muy segura " Marta dijo que nos fuéramos en la mañana temprano para aprovechar el día, creo que la fiesta termina como a las siete".

Don Mario carraspeó a la vez que encendió un cigarrillo y contestó de inmediato: "Está bien las dejo el domingo temprano en casa de los Zeledón y las recojo como a las seis y media o siete".

"Gracias papi, te quiero mucho" dijo Rosalía con una voz llena de alegría.

Luego de rezar el Rosario devotamente como todas las noches, las jovencitas se fueron a su dormitorio y ahí fue cuando Ligia quien era muy madura, enfrentó a su hermana de una vez por todas.

"Rosalía no me gusta decir mentiras ni alcahuetearte con papi. Vos sabés que no hay tal fiesta de Marta este domingo. Lo que querés es salir con ese fotógrafo que conociste en el Colegio hace un tiempo"

Rosalía la miró asustada pero no le contradijo: "Está bien, tenés razón, no lo voy a negar, Héctor me gusta mucho, pero papi jamás me dejará jalar con él, pues es diez años mayor que yo, pero Ligia, hermanita necesito que me ayudés a verlo. Me invitó este domingo para que fuéramos al Volcán Irazú".

Ligia reaccionó de inmediato: "Queeeé? Estás loca, no y mil veces no, yo no voy a encubrirte en esto. Como se te ocurre que te vas a ir sola al Volcán Irazú con un hombre que acabas de conocer hace cuatro meses y que no sabes ni quien es? Conmigo no cuentes"

Rosalía miró a su hermana con gran desesperación y levántandose de su cama se sentó al borde de la cama de su hermana y dijo: "No, Ligia, por favor, no me podés hacer esto. Está bien dejame decirle a Héctor que vos irás con nosotros, pero por favor no me echés al agua con papi, por favor hermanita acompañame".

Como viera que su hermana estaba dudosa Rosalía agregó: "Héctor es un buen hombre, tiene buenas intenciones conmigo, el otro día me dijo que le iba a pedir la entrada a mi papá cuando yo cumpliera los dieciocho y que se va a casar conmigo porque me ama".

Ligia, era una muchacha muy seria y devota como sus padres. No tenía novio ni nunca había tenido a pesar que era una mujer muy linda, con grandes ojos color café y cabello lacio castaño. Ella les obedecía a sus padres y su papá les había dicho a las hermanitas que no podían tener novio hasta que cumplieran la mayoría de edad.

Ella sabía que la mayoría de edad para su papá era veintiun años y ella pensaba obedecerle. Sin embargo su hermana Rosalía ya había tenido tres novios y este hombre, Héctor Jiménez a ella no le gustaba para novio de su hermana.

Héctor Jiménez vivía en el Barrio la Dolorosa y las hermanas Salas en el Barrio de La Soledad.

Héctor era hijo de uno de los fotógrafos más conocidos de San José pues en su estudio se tomaban fotos pasaporte para las cédulas de identidad y para los pasaportes de muchos costarricenses.

Nadie, solo Héctor y su padre conocían la historia trágica que arrastraban en sus vidas.

Cuando Héctor tenía escasos cinco años había sucedido la tragedia que había marcado sus vidas para siempre.

Don Eusebio Jiménez, el padre de Héctor era alcohólico en aquella época y todas las noches después de cerrar la fotografía se iba a tomar con sus amigos y no regresaba hasta la madrugada.

Una noche en que Héctor estaba solo con su madre y con su hermanito de seis meses, dos hombres entraron en la vivienda y frente a los ojos aterrorizados de Héctor, violaron a su madre y uno de ellos la estranguló.

Héctor cómo pudo se escondió debajo de la cama y los hombres no le hicieron nada. Cuando su padre volvió a casa se encontró con la tragedia. Aparentemente había sido un crímen pasional de un ex novio que su madre había tenido en tiempos pasados.

Cuando la madre de Héctor murió su hermanito fue adoptado por su tía Ofelia quien se lo llevó a vivir a New York y Héctor jamás volvió a verlo.

Don Eusebio Jiménez se dedicó a tomar y se convirtió en un hombre amargado que trataba muy mal a su hijo Héctor hasta el punto que Héctor se fue de la casa a los catorce años para vivir con su abuelita materna.

Cuando Héctor creció buscó a su padre y ambos se perdonaron y don Eusebio lo entrenó en el negocio de la fotografía para él poderse retirar de trabajar.

Héctor se casó cuando tenía alrededor de veintitrés años y tuvo una niña con una hondureña que conoció en su estudio de fotografía.

Misteriosamente de un día para otro, la hondureña desapareció de su casa con su hija y los rumores empezaron en el Barrio La Dolorosa, diciendo que ella se había fugado con otro hombre dejando a Héctor en una absoluta desolación.

Todos estos misterios que rodeaban la vida de Héctor, Rosalía no los conocía. Lo único que ella conocía de él era lo que él le había contado, que su madre había muerto cuando él era niño, que vivía con su padre y que tenía veintiseis años y era fotógrafo profesional.

Lo que Ligia no sabía pues era un secreto que Rosalía se había guardado por varios meses era que la relación de Rosalía con aquel fotógrafo no era limpia y cristalina como la de la mayoría de las muchachas de dieciseis, de aquella época.

Ligia no sabía que muchas veces Rosalía se escapaba del colegio para irse con su novio al estudio fotográfico.

"Tengo miedo Héctor, no sé si esté bien lo que estamos haciendo" decía Rosalía temblorosa en brazos de Héctor mientras él despaciosamente y con mucha ternura quitaba las prendas de ropa del cuerpo de Rosalía y la besaba apasionadamente.

Al principio Rosalía se había resistido pero al ver que Héctor se había disgustado ella no tenía otra opción que complacerlo. Estaba totalmente enamorada de él y creía en sus promesas al pie de la letra.

Héctor le había dicho que cuando ella cumpliera sus veintiún años, el se casaría con ella y se irían a vivir a Italia, para hacer los sueños realidad de él y convertirse en un famoso fotógrafo de revistas europeas.

"Tengo miedo Héctor, si papi sabe que me estás tomando estas fotografías te mata y a mi ni que te cuento" decía Rosalía quien había aceptado hacer el calendario de los sueños de Héctor.

"Ya te dije mi amor, si tu padre nos descubre, más rápido huimos para vivir nuestra vida juntos. Es lo que más deseo en este mundo chiquilla" le decía Héctor con una voz melodiosa que a Rosalía le encantaba escuchar.

"No sé, no estoy segura, yo sé que es pecado mortal que te permita que me tomes fotos así, totalmente desnuda. Me siento culpable, no es algo que me hace sentirme bien, me siento inmoral y sin pudor. Además no puedo comulgar porque no hallo como decírselo al padre." dijo Rosalía a la vez que tomaba las sábanas para cubrir su cuerpo.

Héctor delicadamente se las quitó de sus manos y la convenció que no fuera mojigata diciendo: "Amor, no es cualquier fotógrafo, quien te las está tomando, soy yo, el hombre de tu vida. Además tu rostro no está al descubierto en estas fotografías, estos antifaces, cubren tu identidad, no te sientas mal por favor!!"

Rosalía enamorada como se encontraba de él no se resistía y se dejaba llevar por la pasión que le provocaban los besos y las caricias de su amado.

Rosalía se puso de acuerdo con su amiga Marta que si él le preguntaba algo, le dijera que Ligia y ella estarían en su casa todo el día el domingo y así don Mario, confiadamente creyendo que iba a dejar a sus hijas en casa de los Zeledón quienes eran personas que él confiaba ciegamente se iría para San José tranquilo a escuchar por la radio su partido favorito de fútbol.

Ligia trataba de convencer a su hermana por todos los medios que desistiera de la idea de irse al volcán Irazú con Héctor Jiménez pero no hubo manera posible de convencer a Rosalía de no hacer aquel paseo con su amado.

El viernes en la noche Rosalía se miraba preocupada, Héctor lo notó cuando ella llegó a su casa al mediodía.

"Héctor tengo un atraso en mi menstruación, no me vino el mes pasado ni me vino este mes tampoco. Tengo temor de decírselo a mi hermana Ligia, ella no sabe que nosotros… y mucho menos a mis papás. No sé qué hacer si estoy embarazada, papi me va a matar".

Héctor prendió un cigarrillo en silencio y se sirvió un trago de whiskey y le ofreció otro a su novia. Ambos se sentaron en la sala y Héctor la sentó a ella en sus regazos mientras le acariciaba su vientre.

"Mi vida, ya te lo he dicho muchas veces, si vos quedás embarazada, yo no te fallaré. Si tu padre no nos permite casarnos, nos vamos juntos y punto."

Rosalía se soltó a llorar en sus brazos mientras decía: "No es tan fácil, como vos lo ves. Yo amo a mis padres y no les quiero hacer algo así. Mi mamá siempre soñó con verme salir de mi casa vestida de novia y virgen. La voy a desilusionar y ella no se lo merece. No quiero escaparme con vos. Quiero que nos casemos."

De pronto Rosalía miró a Héctor decidida y agregó: "Yo voy a decirles la verdad, que estoy embarazada, ellos entenderán, así nos podremos casar cuanto antes y luego si vos querés, nos iremos a Italia con su permiso y su bendición. Hoy mismo hablaré con los dos"

Rosalía se levantó de los regazos de Héctor y trató de salir apresuradamente de la casa pero él no se lo permitió. La apretó fuertemente del brazo y alzando la voz dijo: "Estás loca? Pensá bien lo que estás haciendo mi chiquita. Tu papá va a venir derechito a darme un par de balazos!! No podés hacerlo de esta manera Rosalía, entendelo, por favor!!".

Ella lo miró asustada. El nunca le había hablado así, porque lo hacía ahora que ella probablemente le iba a dar un hijo.

Héctor notó en la mirada de su novia el miedo que él le había inspirado al hablarle de aquella manera y disimuló diciendo:

"Perdoname mi amor, perdoname, te amo demasiado para alzarte la voz. Mirá lo que vamos a hacer para que estés tranquila. Cuando regresemos el domingo del Irazú, yo esperaré a tu padre en casa de tu amiga Marta y ahi hablaremos con él sobre nuestro matrimonio.

Diciendo ésto, Héctor apretó fuertemente a Rosalía entre sus brazos y la besó con gran pasión. Ella se dejó llevar por el embeleso y no se resistió, acordando con él que el domingo hablarían con su padre los dos juntos.

La noche del sábado Rosalía tomó el diario que tenía guardado debajo de su colchón y escribió dos páginas con mano un poco temblorosa.

"Querido diario:

Mañana será un día especial. Me siento un poco triste porque mis padres se llevarán un gran disgusto, pero de una vez terminaré con las escapadas del colegio y las mentiras que tengo que inventar para poder ver a Héctor.

Mi papá entenderá que me enamoré y que tengo derecho a ser feliz. Mañana Héctor y yo le diremos a papi que nos tenemos que casar.

Papi jamás se enterará de las fotografías que Héctor me ha tomado. Eso ni que Dios lo permita, es algo muy íntimo entre él y yo y se me caería la cara de verguenza que papi y mami vieran esas fotos algún día.

Tengo miedo de la reacción de papi, querido diario, tengo mucho miedo. Lo que menos se imagina él es que su hija menor, su chiquita, que tanto quiere, se ha convertido en la mujer de Héctor Jimenez.

Sin embargo no puedo mentir más porque mis papás se van a enterar de todos modos cuando mi pancita empiece a crecer. No sé si decirle a Ligia sobre lo que hablarán Héctor y mi papi el domingo. Creo que lo mejor es no decírselo porque si lo hago se va a plantar con que ella no va al paseo del volcán y yo quiero ir.

Diosito perdoname por haberme entregado a Héctor antes de casarme, pero es que no pude evitarlo, lo amo demasiado y él también me ama a mi.

Perdoname Diosito por las fotografías que me tomó desnuda, me da verguenza confesárselo a un padre por eso prefiero no comulgar, porque me he guardado muchas veces ese pecado en el confesionario.

Buenas noches querido diario... mañana te cuento como me fue con papi y con Héctor después que conversen. Hoy estoy temblando".

Al día siguiente, por fin había llegado el tan esperado domingo. Rosalía despertó a su hermana Ligia bien temprano. Eran aproximadamente las seis de la mañana. Rosalía escogió un vestido mañanero de tela fresquita pero apropiado para una fiesta de quinceañera y echó en una bolsa un pantalón de mezclilla y una jacket de cuero para cuando fueran al volcán.

"Ligia, dame tu jacket y un pantalón para que te cambiés cuando nos vayamos" dijo Rosalía casi susurrándoles a su hermana en el oído.

Luego añadió "Apurate, quiero aprovechar el día con Héctor, no quiero perder ni un minuto de poder estar con él".

Ligia bostezando se sentó en su cama y a regañadientes dijo: "No sé... no estoy segura si voy a ir. No tengo porque seguirte en tus locuras".

Rosalía al escuchar ésto se llenó de pánico y acercándose a ella le dijo en tono serio: "Si no me acompañás me voy con Héctor sola, ya no me importa nada de lo que puedan decir mis papás. El se quiere casar conmigo así que si vas o no vas, igual me voy yo para el volcán".

Al oirla, Ligia, quien era muy sensata se atemorizó que Rosalía estuviera hablando en serio y le dijo: "No te lo creo pero igual iré contigo. No puedo dejarte ir sola, soy tu hermana mayor, pero por favor hablá pronto con mami, contale que tenés un novio, talvéz ella convenza a papi"

Al oir las palabras de su hermana Rosalía se acercó a ella y le dijo: "Te voy a contar un secreto que no le he dicho a nadie, pero me prometés guardarlo hasta que Héctor hable con papi hoy. Lo va a hacer cuando regresemos del volcán?"

Ligia sin saber lo que su hermana iba a decirle, y sin siquiera sospechar lo que estaba a punto de oir, dijo:

"Está bien te lo prometo, no abriré mi boca para nada, pero decime rápido que pasa? Por qué tanto misterio?"

Rosalía bajando la voz, respondió: "Creo que estoy embarazada. No estoy segura, pero no me ha venido la regla hace dos meses. Sé que no te lo había dicho pero yo perdí la virginidad con Héctor hace tiempo. Estoy enamorada de él. Por eso es que vamos a hablar con papi para podernos casar."

Al escuchar aquella confesión Ligia palideció. Nunca se hubiera imaginado que su hermanita menor, de tan solo dieciseis años ya se había entregado a su novio. Quedó muda sin saber que decir. Cuando pudo hablar Ligia reaccionó diciendo: "Qué hago con reclamarte ahora, si ya lo hiciste, no puedo hacer nada al respecto, pero de verdad, nunca imaginé que hicieras algo así. Papi se va a poner furioso cuando se entere. No sé qué va a pasar, en fin vos sos mi hermana y lo peor que puede pasar es que te eche de la casa y que Héctor se case con vos en cualquier lugar lejos de aquí"

Mientras Ligia pronunciaba aquellas palabras, dos gruesas lágrimas rodaban por sus mejillas sin poder evitarlo. Ambas hermanas se abrazaron llorando y se prometieron que pasara lo que pasara jamás se separarían.

Al día siguiente, tal como lo habían acordado él y Ligia, Héctor llegó puntual a casa de Marta Zeledón como lo habían planeado.

Besó a Rosalía y saludó rápidamente a Marta y a Ligia mientras abría la puerta de su auto para que Ligia y Rosalía entraran.

A medio camino detuvo su auto para tomar algunas fotografías de las hermanas y unas cuantas con él y Rosalía. Le dió las indicaciones a Ligia de cómo tomar las fotografías y ella pudo hacerlo.

Al llegar al cráter del volcán fotografió la laguna verde pero ésta estaba un poco nublada, decidió bajar un poco al cráter y las hermanas accedieron.

Tomó de la mano a ambas y las ayudó a bajar. Tomaron muchas fotografías de él y Rosalía juntos y caminaron por los senderos del volcán para hacer un poco de ejercicio.

Alrededor de las cuatro y media Ligia, un poco preocupada por la hora que era, le indicó a Rosalía que era tiempo de irse.

Rosalía estuvo de acuerdo y tomando la mano de Héctor le dijo suavemente: "Amor, mirá la hora que es y papi va a recogernos a las seis y media en casa de Marta".

Héctor no se inmutó por sus palabras, simplemente dijo: "No te apurés mi vida, llegaremos a tiempo, antes que llegue tu padre, dejame ir a buscar unas plantas cerca de la laguna para llevarlas a mi estudio, quiero tomarte unas fotos con ellas. Son plantas exóticas y muy pintorescas"

¿Diay qué mae? ¿Pura vida? Sonia B. F. Arias

Rosalía miró a Ligia, quien se sentó en una banca mientras decía: "Bajen ustedes, aquí los espero, pero no se tarden porque papi llega por nosotras a las seis y media y estamos a una hora de camino"

Rosalía se fue feliz de la mano de su novio y bajaron el cráter apresuradamente riendo a carcajadas, mientras Ligia miraba el reloj preocupada.

Conforme pasaban los minutos y ellos no regresaban, Ligia se empezó a inquietar, se asomó al cráter y no vio ninguna persona cerca de la laguna; el último grupo de turistas había subido hacía cinco minutos.

Eran las cuatro y cuarenta y cinco y si no se iban de aquel lugar a las cinco en punto quizás no llegarían en punto a las seis.

"Qué explicación le voy a dar a papi, cuando vea que le mentí, encima de que se va a poner furioso cuando oiga lo que Rosalía le va a decir sobre su posible embarazo" pensó Ligia mirando su reloj de pulsera.

Ligia se impacientó a tal punto que se decidió bajar al cráter a buscarlos. Bajando por las faldas del volcán llamó a su hermana a gritos: "Rosalía!! Rosalía!! Donde se metieron ustedes? Es tardísimo, no vamos a llegar a tiempo, Rosalía!!".

Todo estaba en silencio y el cráter estaba cubierto con una neblina espesa que empezaba que no le permitía a Ligia ver el camino.

Caminó a tientas como pudo y se asustó cuando una ardilla se le atravesó en el camino y casi la hace tropezar. De pronto miró su reloj y se aterrorizó al ver que las agujas marcaban las cinco y diez de la tarde.

Volvió a gritar con desesperación el nombre de su hermana. Fue su último grito el cual ya nadie escuchó, ya nadie podía escucharla, no había nadie cerca solo quien le había tapado su boca y agarrado del cuello. El criminal silenciosamente terminó con su vida, depositando su cuerpo cerca del de su hermana Rosalía.

El lunes los noticieros publicaban la noticia, que leía: "Ayer en horas de la tarde las dos jovencitas Rosalía y Ligia Salas salieron hacia el volcán Irazú con un hombre fotógrafo de profesión. Aparentemente el sospechoso es el novio de una de ellas. Sus padres angustiados, piden ayuda a las personas que los vieron en las cercanías del Irazú o a los que pueden identificar la camioneta en la que viajaban el hombre y las dos jóvenes. Pueden contactar la policía anónimamente si alguien tiene rastros de la localidad donde se encuentran las jóvenes con este hombre".

Pasaron dos semanas, don Mario y doña Sara angustiados, sentados en la sala de su casa escuchaban los noticieros y atendían a los detectives y policías que visitaban su casa diariamente.

Todos los días traían las mismas noticias, no hay rastro de las muchachas, ni del hombre tampoco.

La única buena noticia que había era que dos sospechosos habían sido arrestados pero no tenían suficiente evidencia para comprobar que estuvieran involucrados en el supuesto secuestro.

Cierto día los policías llegaron a casa de los Salas con una orden de cateo. Querían revisar el cuarto de Rosalía y de Ligia para tratar de encontrar alguna pista.

Los angustiados padres, no pusieron ninguna objeción y les permitieron a los policías revisar cuidadosamente la habitación.

Ahí fue donde encontraron debajo del colchón de Rosalía aquel diario que les daría las pistas sobre lo que había ocurrido.

Apresuradamente sin que don Mario y doña Lucía entendieran mucho, los policías introdujeron el diario de Rosalía en una bolsa plástica y se lo llevaron con ellos.

Al día siguiente en horas de la mañana, cuatro carros de policía se estacionaban frente al estudio de Héctor Jiménez.

Encontraron muchos negativos con las fotos que él le había tomado a Rosalía, las cuales estaban cuidadosamente guardadas en sobres para ser enviadas a Europa.

Héctor no puso resistencia al ser arrestado en casa de unos amigos en San Isidro del General, después que su fotografía había sido colocada en todas las siete provincias, ofreciendo recompensa.

Durante el primer interrogatorio Héctor confesó su crimen. Había estrangulado a las dos muchachas, cerca de una cueva del cráter del Irazú. Confesó también sobre el lugar donde había escondido sus cuerpos.

Cuando la policía las encontró, ambas jóvenes se encontraban desnudas y Ligia había sido violada.

Rosalía tenía aproximadamente tres meses de embarazo. Héctor confesó que tuvo miedo de enfrentar al padre de Rosalía y decirle que la había embarazado y por eso la había asesinado.

De acuerdo a sus declaraciones había asesinado a Ligia también pues ella hubiera podido delatarlo cuando se descubriera el crimen de su hermana Rosalía.

Héctor Jiménez fue sentenciado a cuarenta y cinco años de prisión en la Penitenciaría Central pero murió en una disputa en la cárcel doce años después de haber sido sentenciado.

Hoy, los restos de Rosalía y Ligia Salas descansan junto con los de sus padres en el Cementerio General de San José, y en su lápida se lee: "Familia que reza unida, permanece unida"

4

Orosi, Cartago 1828

La siguiente historia está basada en la leyenda de La Llorona, leyenda muy popular en México y en algunos países de Centroamérica, incluyendo a Costa Rica.

La llorona es la vida de una muchacha a la cual le pondré un nombre cualquiera y un apellido que no tiene relación con ninguna persona que conozco.

Los lugares en los que toma lugar esta historia existen en Costa Rica pero la época, los personajes que participan en la historia y el río que menciono son simplemente el escenario para darle vida a esta tradicional leyenda.

Cualquier semejanza a alguna persona es pura coincidencia, pues los nombres fueron combinados con apellidos familiares en Costa Rica pero los personajes aquí mencionados provienen únicamente de la imaginación de la autora.

La Llorona

Nadie podía negarlo, Dolores Montero era una mujer muy trabajadora, responsable y sobre todo muy buena madre dedicada absolutamente a su hogar y a su familia.

Llevaba varios años casada con Luis Antonio Nuñez, quien trabajaba para las fincas del acaudalado Rodrigo Pérez, dueño de la Hacienda La Candelaria.

Luis Antonio era el hombre de confianza de don Rodrigo Pérez, un hombre arisco, de tez oscura, quien con sus ojos intimidaba a cualquiera.

Las gentes del pueblo decían que don Rodrigo nunca se había conformado, después de haber enviudado, al nacer su hijo Salvador.

Ya habían pasado veintisiete años desde aquella trágica noche, en que la ambulancia que conducía a su mujer al hospital de Cartago, se había volcado.

Pocas horas después, su mujer moría, después de dar a luz a su único hijo, Salvador.

Todos los médicos consideraban un milagro que en aquella época, en que la tecnología estaba tan atrasada, el bebé de una mujer que agonizaba irremediablemente, hubiera sobrevivido.

Los doctores habían intentado, inútilmente, salvarle la vida a la esposa de Rodrigo pero no lo habían logrado.

La mujer de Rodrigo Pérez había sufrido múltiples quebraduras en el cráneo y sus riñones se habían paralizado por el impacto del accidente.

Conmocionado por la noticia, don Rodrigo se había encerrado en su dormitorio por varios meses, permitiendo únicamente que su madre doña Tina, le llevara los alimentos y hablara con él.

Doña Tina era una mujer muy sensata, recordaba hoy Dolores, quien la había conocido desde que era una niña.

En sus memorias estaba claro que doña Tina respetaba la decisión de su hijo Rodrigo y nunca trató de convencerlo a que saliera de su aposento, hasta que él así lo decidió.

La madre de Dolores, era el ama de llaves de La Candelaria y había sido ella quien había criado a Salvador Pérez, hasta el día en que éste había dejado Costa Rica para irse a estudiar a Alemania.

Hoy, Salvador Pérez era un médico cirujano que vivía en San José y muy pocas veces visitaba a su familia en la hacienda.

Cuando doña Tina murió, don Rodrigo se había hecho cargo por completo de los bienes de su madre y había descuidado un poco a su hijo Salvador.

Cómo no iba a recordar Dolores esta etapa de su vida, si su hijo mayor, Arturo, era de la edad de Salvador y ella había sido contratada para amamantar a Salvador, a la vez que lo hacía con Arturo.

Dolores había tenido cinco hijos a raíz de su matrimonio con Luis Antonio. Su hijo mayor Arturo hoy tenía veintisiete, Elena, veinticinco, Manuel, veintitres e Imelda, diecinueve años.

La única hija que estaba soltera era Imelda y todavía vivía en la casa de sus padres. Imelda era una hermosa muchacha, con una cabellera lisa, que le llegaba hasta los hombros. Su cuerpo esbelto, aunque era un poco baja de estatura, la hacía muy atractiva para cualquier hombre del lugar.

Muchos la pretendían pero Imelda era una muchacha seria y su candidez era lo que enloquecía a los jóvenes que la pretendían.
Imelda estaba enfocada en ayudar a sus padres y no le pasaba por la mente tener novio, en aquel momento.

Su madre siempre le decía "Ay Imelda, el día que un muchacho te conquiste, creo que va a llover tan fuerte que el río Reventazón se saldrá de su cauce."

Cierto día, ambas caminaban con una canasta de ropa sucia en sus manos y se encaminaban hacia el Río Reventazón para lavar las prendas del trabajo de sus padres.

Imelda cargaba debajo de su brazo izquierdo una bandeja de madera y un jabón azul hecho en casa, mientras que su madre llevaba la canasta de ropa en su cabeza.

De pronto, ambas se detuvieron para mirar el río y algo que jamás les había ocurrido anteriormente, golpeó sus corazones de repente, como si estuvieran experimentando una trágica premonición.

Imelda se desbalanceó y su mamá la sostuvo de su brazo para que no cayera. Era como un presentimiento que algo terrible se acercaba a sus vidas.

Hoy, dos años después de la tragedia, Dolores recordaba vívidamente, aquella escena junto a su hija y sin poder evitarlo dos gruesas lágrimas rodaban por sus mejillas.

Sentada junto al río, aquella mañana, Dolores limpiaba sus lágrimas con su delantal, mientras miraba hacia todos lados, como si buscara desesperadamente a su hijita amada, quien dos años atrás estuviera con ella lavando a las orillas de aquel río.

Imelda no regresaría y eso Dolores lo sabía pero lo que no sabía hacer era apaciguar el dolor que la consumía al pensarlo.

Imelda se había ido para siempre, como si se la hubiera tragado aquel río o como si la tierra hubiera abierto su feroz mandíbula para devorar a su hija.

Imelda, su hija amada, había desaparecido hacía aproximadamente dos años. Nadie, aunque la habían buscado por cielo y tierra, había logrado encontrarla viva o muerta.

Sin embargo, cuando todas las luces del pueblo se apagaban y los habitantes se iban a dormir, eran muchos, los que escuchaban los gritos desgarradores de una mujer.

Los rumores en el pueblo eran que aquellos gritos desgarradores de dolor que asustaban hasta el más valiente, eran de Imelda Nuñez.

Hoy, Imelda no era recordada, como una de las muchachas más lindas de la Hacienda La Candelaria.

Hoy, era simplemente un alma en pena, a la cual todos habían apodado, bajo el nombre de La Llorona.

Aquel día Dolores, no lavó la ropa como de costumbre, si no que se sentó junto al río, a recordar lo que le había ocurrido a su hija.

Cuando Imelda cumplió quince años, ya se había convertido en una mujer hermosa y esto hizo que los ojos de los muchachos del pueblo, se posaran sobre ella.

Cierto día fue enviada por Dolores a casa de los patrones de la Hacienda La Candelaria. Su padre trabajaba ahí y su madre le había enviado el almuerzo con Imelda.

Cuando llegó, la muchacha vió un tumulto cercano a donde supuestamente estaría su padre trabajando.

"Qué pasó?" preguntó Imelda desconcertada a un chiquillo que se encontraba mirando lo que había ocurrido.

Junto al sitio había una ambulancia y varios enfermeros estaban junto a dos camillas. Parecía que había ocurrido un accidente a dos de los trabajadores de La Calendaria.

"No sé, pero creo que dos de los peones sufrieron un accidente y parece que están muy mal" dijo aquel chiquillo, mientras ambos se acercaban al lugar del accidente.

Con pánico, Imelda comprobó que los dos hombres que se encontraban inconscientes y ensangrentados en el suelo eran su padre y don Ramón Estrada, el mandador de la finca.

Imelda no pudo soportar la angustia y se tiró a llorar desconsoladamente sobre el cuerpo tendido de su padre.

"Papá, papito qué pasó, qué te pasó? Despertá papito, despertá por favor" gritaba Imelda sin hallar consuelo alguno.

"Por favor señorita, discúlpenos. Tenemos que llevar a su padre de emergencia al hospital. Hace unos minutos cayó del tractor y una llanta le pasó por su pecho. Necesitamos llevarlo al hospital inmediatamente, su vida podría estar en peligro".

Imelda, se apartó inmediatamente y los enfermeros subieron a los dos hombres en la ambulancia, para llevarlos al hospital más cercano.

Ella se tiró al suelo, impotente ante la situación y pocos instantes después, cuando todos se habían ido, sintió una mano sobre su cabellera.

Alguien la había tomado por sus hombros dulcemente y trataba de consolarla.

"Vos sos la hija de Luis Antonio, verdad?" dijo una voz masculina a sus espaldas.

Cuando Imelda se volvió para mirar quien era la persona que la consolaba en su desdicha, se dio cuenta que era el hijo del dueño de la hacienda, donde trabajaba su padre.

"No entiendo qué pasó. No me explicaron nada, qué le voy a decir a mi mamá? Qué vamos a hacer, si mi padre muere? Qué vamos a hacer, Dios Mío?" decía Imelda entre sollozos.

"No te preocupés chiquilla, tu papá no morirá. El doctor de la familia está en camino al hospital y yo he ordenado que atiendan a tu padre y a mi otro empleado, en consulta privada", dijo Salvador Pérez sin esperar respuesta.

Imelda jamás había hablado con él, sin embargo le pareció un hombre bueno y no sólo eso, era un hombre muy atractivo con una voz masculina pero a la vez tierna, lo cual en medio de su gran dolor, captó su atención.

Imelda se sonrojó, mientras decía un poco más calmada "Tengo miedo, tengo mucho miedo que muera, no sé que haría sin mi papá".

"Qué bella sos!" dijo Salvador sin poder evitarlo. "No temás por la vida de tu padre, estoy seguro que él estará bien en pocos días", dijo Salvador con una amplia sonrisa.

"Le daremos su tiempo para que se reponga. Mi papá y yo lo estimamos mucho. Así que limpiate esas lindas lagrimitas y vamos, te invito a que vayas conmigo, al hospital a ver a tu padre".

Imelda lo miró y limpiando sus lágrimas con su delantal, impecablemente blanco, se levantó del suelo al tiempo que Salvador le daba su mano.

Ambos caminaron hacia la camioneta azul que estaba parqueada cerca de donde ellos se encontraban y Salvador se adelantó a abrir la puerta para que Imelda subiera.

Sostuvo su brazo y ella subió sin notar que los ojos de Salvador se habían posado sobre sus pantorrillas disimuladamente.

Cuando llegaron al hospital, Salvador habló con unas enfermeras que se encontraban cerca y tomando la mano de Imelda dijo "Vamos chiquilla, tranquila, dice la enfermera, que no hubo necesidad de practicar una cirugía. Tu papá está fuera de peligro".

Los ojos de Imelda resplandecieron de felicidad y Salvador sonrió, a la vez que la abrazaba con gran ternura.

"Sólo hay un pequeño problema, tu papito se encuentra en la sala de observación y no lo podremos ver hasta dentro de una hora aproximadamente pero tengo una idea", dijo Salvador, con aquella sonrisa que había cautivado a Imelda.

"Vamos, ven, te invito a la cafetería de mi tía Carmela. Ella hace unos pastelitos de carne que son deliciosos. Nos tomamos un cafecito ahí y compramos unos cuantos pastelitos para traerle a tu papá. Después, nos venimos para el hospital otra vez".

Imelda lo miró, como deseando decirle que le encantaría ir con él a aquella cafetería, sin embargo, disimulando dijo sonrojada. "No puedo ir, mi mamá me está esperando y no sabe... no sabe lo que le pasó a mi papá".

Salvador con sus dos dedos apretó la barbilla de Imelda y dijo despreocupadamente: "No te preocupés, niña hermosa, no tardaremos mucho pero si te tranquiliza, dáme el número de teléfono de un vecino y le enviaremos un mensaje a tu mamá".

Imelda sonrió aliviada y aceptó ir con Salvador al teléfono público que se encontraba cerca de ellos, para llamar a casa de sus padrinos, quienes vivían a pocos kilómetros de donde se hallaba su casa.

"Ahora sí, ya tu mamá está tranquila. El chofer la traerá al hospital y cuando vos y ella hallan visto a tu papá, nos iremos todos juntos tranquilos a casa".

Imelda no podía creer en las atenciones que Salvador Pérez le brindaba, en aquel momento cuando ella más lo necesitaba.

Salvador sabía que él era un hombre atractivo y que ninguna muchacha se resistía a sus encantos. Ese era uno de los problemas que él tenía con su novia, Emilia, quien vivía en San José, a la cual visitaba únicamente durante los fines de semana.

Salvador tenía planes serios con Emilia pero ella era una muchacha excesivamente celosa y siempre le reclamaba, cuando él saludaba a una muchacha o salía con sus amigos.

Él, por su lado, le ponía pretextos creíbles, cuando se le antojaba escaparse de parranda con sus amigos.

Emilia era una muchacha de la alta sociedad que vivía en San José con sus padres y lo que menos le importaba, era el dinero que tenía Salvador.

Ella estaba locamente enamorada de él, después de tres años y medio de relación. Sin embargo, Emilia no quería casarse con Salvador, todavía.

Los constantes pleitos entre ellos, no permitían que aquel anillo de diamantes que Salvador insistía en poner en su dedo, hubiera sido deslizado aún.

Imelda, lejos de los pensamientos de Salvador, quien recordaba a su novia en aquel momento, se sentía fascinada, con las atenciones del hijo del patrón de su padre.

"Te puedo llamar Imelda?" dijo Salvador, despreocupadamente.

Imelda se sonrojó pero dijo de inmediato, "Si usted quiere, hágalo".

"No me tratés de usted, tratáme de vos. Quiero que seamos amigos, me gustás mucho, sos una muchacha inteligente y muy, pero muy, bella".

"No sé si pueda o deba" dijo Imelda tímidamente.

"Por qué? Qué te detiene hacerlo, si yo mismo, te lo estoy pidiendo?" Dijo Salvador, tomando sus mejillas con sus dos manos.

Imelda quiso resistirse pero no pudo. Le encantaba que él acariciara sus mejillas con aquellas manos tan masculinas.

"Está bien, si vos lo querés pero me siento rara, tratándote de vos".

Él la abrazó diciéndole, "Mi chiquilla preciosa, me encantás. Me deslumbra tu timidez y tu belleza"

La conversación fue interrumpida por la tía de Salvador, quien se acercó donde ellos se encontraban, para saludarlos.

"Hola m'ijito, qué te trae por aquí? Te creía en tu casa de San José. Cuándo te regresás a Mexico? Y ella… quién es?"

Salvador, se incomodó un poco con la información que la tía había dado sobre su vivienda en San José pero ignorando las respuestas, contestó la última pregunta de su imprudente tía.

"Ah… ella, es Imelda, la hija de Luis Antonio y Dolores. Su papá sufrió un accidente y vinimos a visitarlo, pero tía, cómo está usted, hace tiempo no la veía"

Su tía Berta, no paró de hablar de su familia hasta que había pasado aproximadamente una hora. Salvador miró el reloj, se despidió de ella y se encaminó con Imelda hacia el hospital.

Cuando llegaron, Salvador se acercó al mostrador, donde estaba una enfermera, para averiguar sobre Luis Antonio.

"Vení, ya tu papi está en su habitación. Creo que podremos verlo ahora. Dice la enfermera que está en el primer cuarto, doblando a la derecha".

Salvador había posado su brazo sobre el hombro de ella y su rostro enrojeció nuevamente. Trató de caminar a paso ligero pero él no se lo permitió.

"Te molesta que ponga mi mano sobre tu hombro, chiquilla?" dijo Salvador tranquilo y sonriente.

"No, no me molesta pero no estoy acostumbrada, nadie lo ha hecho antes".

"No me digás que nunca has tenido novio, Imelda!! Me sorprendés!! Sos muy bella".

Imelda se sintió alagada, y respondió: "Nadie nunca me lo ha pedido. Creo que soy muy seria y les doy miedo".

Salvador soltó una carcajada, segundos antes de entrar al cuarto de Luis Antonio.

Cuando Luis Antonio vio a su hija entrar con el hijo de su patrón, se sorprendió un poco, pues no encontraba la conexión que podría existir entre un hombre acaudalado, como lo era Salvador Pérez y la hija de un obrero de la Hacienda La Candelaria.

"Hola hija, cómo estás? Qué hacés aquí? Cómo te enteraste de mi accidente?" dijo Luis Antonio sorprendido, a la vez que disimulaba, el dolor de los golpes sufridos en el accidente.

"Papi, me alegro que estés fuera de peligro" dijo Imelda, mostrando una sonrisa, "Yo te iba a llevar el almuerzo, cuando te ví tirado en el suelo, ensangrentado" añadió Imelda, acercándose a él para abrazarlo.

"Cómo está don Luis Antonio?" dijo Salvador, esbozando una amplia sonrisa, característica de su personalidad fuerte y extrovertida.

"Me siento muy adolorido, don Salvador", dijo Luis Antonio, haciendo una mueca como de dolor. A leguas se le notaba que hacía un esfuerzo para hablar.

"El doctor dice que en unas dos semanas estaré bien y podré volver al trabajo. Yo espero, poder volver antes" continuó diciendo Luis Antonio.

Salvador se acercó a la cama de Luis Antonio y le dió una palmadita suave en el hombro, mientras decía. "No señor, no permitiré que usted vuelva a su trabajo hasta que el doctor lo dé de alta. No se preocupe por su salario, lo recibirá como si estuviera trabajando pero no lo quiero ver por la hacienda, hasta que se restablezca por completo. No se discutirá más sobre el tema" dijo Salvador, mirando a Luis Antonio.

Luego, dirigiéndose a Imelda, la miró y continuó diciendo: "Vos te vas a encargar de decirme, si tu papi me desobedece. Entendido?"

Imelda lo miró con una sonrisa tímida y agregó: "Papi, gracias a don Salvador pude venir hasta aquí. Mami llegará dentro de un rato. Don Salvador me trajo en su camioneta, cuando me vio tan angustiada por usted".

"Ya nos vamos, don Luis Antonio, el doctor dice que necesita mucho reposo. Por suerte no tenemos que preocuparnos de nada serio. Sus huesos están intactos. Usted es un hombre muy fuerte y estoy seguro que muy pronto se sentirá muy bien".

Cuando Imelda se despidió de su papá se conmovió pero Salvador puso su mano sobre su hombro y le dijo: "No te preocupés chiquita, tu papi se pondrá bien, pronto. Vamos que tengo que hacer algunos mandados, cuando te deje en tu casa".

A la salida del hospital se encontraron a Dolores, quien venía a ver a su marido, junto con la madrina de Imelda. Ambas se sorprendieron de ver a Imelda junto a Salvador pero no dijeron nada.

Salvador era un hombre que poco se involucraba en la Hacienda La Calendaria. No era muy frecuente verlo por Cartago. Tenía su apartamento en San José y estaba finalizando su práctica en el Hospital San Juan de Dios, para luego irse, nuevamente a México, para hacer su especialización.

Cuando Salvador dejó a Imelda en su casa, tomó su cara nuevamente entre sus manos y le dijo: "Qué linda sos, niña. Tu candidez enamora, a cualquier hombre que te trate".

Ella lo miró, con aquellos ojos inocentes que habían cautivado a Salvador y él sin poder evitarlo, la besó apasionadamente, sin que ella se resistiera.

"Perdoná, no pude evitarlo" dijo Salvador después de aquel largo y primer beso. "Me encantás, Imelda. Siento que me gustás demasiado para dejarte aquí, sola, esta noche".

Imelda lo miró, como si no entendiera lo que Salvador trataba de decirle pero se dejó llevar por los halagos de aquel hombre que tanto le atraía.

El la tomó por la cintura y metió sus manos debajo de su blusa. Ella se lo permitió y los besos que ambos se dieron, alimentaron más y más la pasión de ambos, hasta el punto que nuevamente se subieron a la camioneta y Salvador la llevó con él, al establo privado, donde él guardaba sus caballos andaluces.

"Imelda, creo que me he enamorado, irremediablemente de vos. Sé que te gusto y que vos también, me has empezado a amar"

Imelda lo miró y sentía que su corazón palpitaba tan rápido que su respiración agitada, no le permitía hablar con cordura.

"No debemos Salvador, no debemos continuar. Yo no soy la muchacha que tus papás aceptarían como tu pareja. Soy la hija de un peón".

Salvador la apretó contra sí y continuó. "Chiquilla, yo no tengo que preguntarle a mis papás a quien puedo amar o a quien no. Ellos escogieron su felicidad, yo escogeré la mía propia"

Nuevamente, la besó apasionadamente y en medio de los caballos que relinchaban en el establo, como previniendo a Imelda, sobre su decisión de entregarse por completo a

Salvador Pérez, Imelda dio rienda suelta a lo que sentía por él y se olvidó de las enseñanzas de sus padres, sobre llegar virgen al matrimonio.

Cuando el momento sublime pasó, Imelda se vistió rápidamente, lo mismo que Salvador.

Sin que ella pudiera hablar, Salvador le dijo tiernamente, "Este es nuestro refugio Imelda, este será nuestro nidito de amor, de hoy en adelante".

Mirándola fijamente a los ojos, continuó diciendo:

"Aquí te esperaré todos los días a las ocho de la noche y nuestro amor crecerá como crece la hierba que cubre los campos de Orosi, chiquilla mía"

Imelda no supo qué decir y llorando se abrazó a él, al mismo tiempo que decía: "Tengo miedo, Salvador, tengo miedo. Tengo mucho miedo de sufrir. Vos te vás a ir en unos días y…."

Salvador puso su dedo índice sobre su boca y le dijo:

"Callate chiquilla mía, callate. Yo me iré físicamente pero no de tu corazón. Vivamos al día nuestro amor. No te preocupés por el mañana, disfrutemos el hoy. Te lo juro que no me iré de tu corazón jamás, ni vos tampoco del mío"

Imelda se abrazó, lo besó suavemente y juntos caminaron hacia su casa en silencio. No había nada más que hablar entre ellos. Él se había entregado en cuerpo pero Imelda lo había hecho en cuerpo y alma.

Los días pasaron y las hojas del almanaque volaron, con la brisa que agitaba, las montañas de la Hacienda La Calendaria.

Imelda y Salvador, noche a noche se reunían en el establo y consumában aquel acto que para Imelda, era un sentimiento sublime de amor por aquel hombre que le había hecho tantas promesas.

Para él, en cambio, ella significaba una pasión desenfrenada que sin poder evitarlo, lo llevaba por senderos que él mismo temía transitar.

Pasaron cuatro, largos, meses y un día, Salvador miró a Imelda dulcemente, mientras le decía, "Chiquita, hoy será mi última noche en la Hacienda". "No sé cómo le haré para vivir lejos de vos este tiempo que estaré lejos" continuó diciendo labiosamente.

Imelda lo miró con ojos tristes y lo sorprendió con las palabras que Salvador temía escuchar algún día.

"Salvador, no sé cómo decirte esto, pero voy a tener un hijo tuyo, mis padres no lo saben aún".

Salvador la miró fríamente, mientras decía "No te preocupés chiquilla, volveré por vos pronto. Ambos nos haremos cargo del fruto de nuestro gran amor, cuando regrese a La Candelaria"

Imelda se abrazó a él llorando, a la vez que entre sollozos, respondió: "Salvador, mi papá va a querer que nos casemos y no sé, si vos querrás casarte conmigo"

Salvador la miró y sonriendo dijo: "Por supuesto que lo haré, dejáme ir a arreglar unos asuntos en San José y cuando regrese, hablo con tu padre para que fijemos la fecha de la boda".

Los ojos de Imelda brillaron, como un par de estrellas, en una noche de verano.

"Gracias, mi amor. Tuve tanto miedo que te enojaras conmigo. Gracias Salvador, no sabés, cuánto te amo"

Desde aquella noche en que ambos se despidieran en el establo, pasaron siete meses.

Imelda trató de ocultar, a toda costa, su vientre que crecía cada día. Hasta que llegó el momento, en que no pudo esconderlo más de sus padres y tuvo que enfrentar la furia de Luis Antonio, quien a gritos reaccionó diciendo:

"Sos una perra. Cómo se te ocurrió revolcarte, a saber con quién, para quedar preñada como lo haría una yegua que está en celo".

Ante los ojos aterrorizados de Dolores y de Imelda, Luis Antonio, rojo como la grana, se enfrentaba a su hija menor gritando: "Decíme, quién es el padre de tu hijo?! Decíme, quién es el canalla que te embarazó para luego abandonarte! Decíme quien es para darle su merecido" decía Luis Antonio, fuera de sí.

"Te lo juro que ese desgraciado morirá, como una rata en mis manos. No me importa ir a la cárcel. Yo mismo me entregaré a la justicia, cuando me salga con mi gusto de matarlo, con estas manos que arden de ira"

Imelda se llenó de valor y sin importar lo que su padre dijera lo enfrentó valientemente diciendo: "No te lo voy a decir. No voy a permitir que cometás una locura" gritó Imelda entre sollozos.

"Además, yo amé a ese hombre y me entregué voluntariamente a él. Lo hice varias veces y no me arrepiento. Lo volvería a hacer, si volviera a nacer."

Imelda lloraba desconsoladamente. Su padre la golpeó dos veces en la cara, al oírla hablar y eso la hizo correr histéricamente por el bosque que estaba cercano al Río Reventazón.

De pronto, su cuerpo no pudo más y se desmayó. Cuando despertó sus ojos se encontraron con un charco de sangre que había teñido su delantal blanco.

Junto a ella, se encontraba su criatura, quien había nacido prematuramente. Como pudo ,cortó el cordón umbilical y lo ató fuertemente con la liga que sostenía su cabello.

Envolvió a su hijo en su delantal y lo llevó al río para lavarlo. Su hijo, producto de su amor, acababa de nacer. Ella lo cuidaría y amaría siempre. Salvador jamás lo conocería, de eso estaba segura.

De pronto cuando estaba lavando sus ropas, sintió un leve mareo y no supo más de ella.

Cuando despertó, su bebé había desaparecido. Lo buscó en los alrededores y lanzó gritos desesperados pero nadie la escuchó ni la auxilió en su tragedia.

Se arrastró por los pastizales como pudo y bajó la montaña tambaleándose, hasta que alcanzó llegar al puente que se encontraba cerca de su casa.

Su vida ya no tenía sentido, su hijo había sido arrastrado por el río, estaba segura de ello.

De pronto, desde el puente, miró su cuerpecito atascado entre las piedras y enloquecida por el sufrimiento, se lanzó a rescatarlo.

El golpe sórdido de su cuerpo al caer, nadie lo escuchó. El río la arrastró, junto a su bebé, probablemente hasta el océano.

Ninguno de los habitantes de Cartago, llegó a tiempo para rescatar a Imelda con vida. Ella y su bebé, desaparecieron, en medio de la fuerte corriente.

El aguacero que se desató aquella noche hizo crecer el Río Reventazón, arrastrando consigo, piedras, palos y conduciéndolos furiosamente a un lugar, imposible de pisar por algún campesino.

Dolores, lloraba desconsoladamente, recordando todo lo que probablemente, había ocurrido aquel día. Dolores, hoy lloraba, la pérdida trágica de su hija Imelda, su adorada hijita que había sido víctima, de aquel hombre sin escrúpulos que no sólo había jugado con sus sentimientos, si no que, le había arrebatado su vida.

También lloraba a su amado esposo, Luis Antonio, quien había muerto dos semanas después de la desaparición de Imelda. Su muerte había sido un misterio. Su cuerpo había sido hallado en el bosque.

Aparentemente, una víbora venenosa lo había aniquilado. Mucho se rumoraba que quizás, aquella muerte no había sido accidental pero no había evidencia alguna que lo corroborara.

Los vecinos de Cartago creían que Luis Antonio, al fin había dado con el paradero de aquel desgraciado hombre que se había burlado de su honor y éste, al ser descubierto, le había tendido una trampa.

Hasta el día de hoy, en las madrugadas frías de Orosi, los habitantes escuchan los gritos desgarradores de Imelda, quien hasta el día de hoy, le pide justicia al mundo por su muerte y por la de su hijo y su espíritu deambula llorando, en los alrededores del Río Reventazón.

5

Liberia, Guanacaste 1845

Esta historia que les narraré a continuación es acerca de la leyenda del Cadejos, la cual se ha popularizado no sólo en Costa Rica sino también en Centroamérica.

La razón por la cual esta historia es narrada a los campesinos es porque el Cadejos se aparece supuestamente en las madrugadas, cuando algún borrachito viene para su casa y no tiene la menor idea sobre cual camino tomar.

La versión original del Cadejos habla de dos animales que representan el bien y el mal. El Cadejos Blanco es el perro fiel que acompaña a los "jumas" hasta su casa y los cuida para que de camino no se accidenten o pierdan su rumbo.

El Cadejos Negro es el animal que supuestamente está poseído y odia a los borrachos. Hace lo imposible para que estos encuentren la muerte en el camino.

Cuando el Cadejos Blanco y el Cadejos Negro se encuentran, el borrachito se libera de la juma y puede llegar a su hogar sin ningún problema.

El Cadejos

Dos hombres hablaban en la cantina y uno aconsejaba al otro diciendo: "Es cierto, aunque no me lo creás pero si existe ese maldito perro que mató a mi amigo. Poco antes de morir Pancho me lo describió y dice que tenía ojos en los que se asomaba el fuego del mismísimo infierno".

"No hombre, no puedo creerte, Pancho murió porque no paró de tomar en toda la noche, que Cadejos ni que Cadejos! Eso es puro cuento! Alguien que estaba celoso lo mutiló y lo dejó desangrando en el camino".

Lalo Peñaranda se negaba a creer lo que su amigo Víctor le acababa de contar sobre el hombre que había sido hallado agonizando aquella mañana cerca de su casa con su cuerpo mutilado como si un león lo hubiera destrozado.

"NO! te digo que su esposa dice que hay dos Cadejos, el bueno y el malo, pero Pancho tuvo la mala suerte de encontrarse con el malo y por eso lo descuartizó".

Lalo escuchaba a su amigo, pero se negaba a creer las historias de pueblo que a Víctor le encantaba contar.

Sin embargo aquella noche por precaución no quiso tomarse más de tres tragos y se fue derechito a casa para evitar contrariedades.

Víctor, en cambio, se quedó en la cantina un par de horas más bebiendo y jugando póker con tres amigos más que estaban en la mesa.

Ambos hombres, Víctor y Lalo eran amigos desde que estaban en la escuela. Sus padres eran peones de la misma finca El Torito y ellos, sus hijos, trabajaban en la finca, propiedad de los Calderón, familia muy acaudalada de aquella zona.

Ellos no eran los únicos que discutían el tema del Cadejos, otros hombres del pueblo habían visto a ambos perros uno blanco y uno negro peleándose como dos fieras, mostrando enormes colmillos.

En el pueblo se decía que el perro blanco representaba la bondad del ser humano el cual peleaba contra el mal.

La maldad era representada por el perro negro feroz quien se escondía entre las sombras para esperar al blanco y tratar de destrozarlo con sus dientes filosos.

Muchos eran los que decían haber presenciado estos encuentros.

Mientras que unos sólo habían encontrado el perro negro o el blanco en sus caminos, otros habían experimentado encuentros con ambos perros.

A raíz de la muerte de Pancho la noche anterior, el padre de Lalo, sentado en el corredor de su casa, esperó a que llegara su hijo y le contó la siguiente historia.

"Oíme hijo, sentáte un momento, qué bueno que llegaste temprano, estaba preocupado por vos, pues a veces te quedás en la cantina hasta la madrugada y no quiero por nada del mundo que te vaya a pasar lo que le ocurrió al pobre Panchito anoche.

¿Diay qué mae? ¿Pura vida?   Sonia B. F. Arias

"Jajajaja, papá, no se preocupe por mí, ya estoy bastante crecidito para saber defenderme. Hoy me vine temprano porque mañana salgo para Nicoya a vender el ganado en la feria. Usted sabe que yo soy el hombre de confianza de don Pedro y no le quiero quedar mal".

Su padre se le quedó mirando a los ojos y empezó con su historia. "Pues mirá hijo, sé que talvez no creés en historias como éstas pero como padre tengo la obligación de decirte lo que me contó mi papá, tu abuelo Sebastián que en paz descanse.

Vos sabés que mi tata era alcohólico y ese es uno de los motivos por los cuales yo odio el alcohol con todas mis fuerzas.

Escuchá bien lo que te voy a contar. A principios de siglo, tu abuelo trabajaba en esta misma zona ganadera y aquí fue donde conoció a tu abuela Hortensia.

"Hortensia, benditos los ojos que te miran. Ya te dijeron que cada día estás más guapa?" dijo Sebastián mientras miraba a Hortensia de arriba a abajo.

"Sebastián, no sea tan necio, usted tiene novia, no le da vergüenza ser tan atrevido? Además yo soy una mujer casada, respéteme por favor" contestó Hortensia quien no era nada tonta ni tampoco tímida.

"Y eso qué tiene que ver? Que yo tenga novia y usted marido, no me quita el buen gusto, usted me gusta y pues.... Quisiera que tuviéramos una aventurilla, yo sé que yo tampoco le soy indiferente a usted", respondió Sebastián mirando a Hortensia directamente a los ojos.

Ella seguía haciendo las compras del mercado y él la esperó para llevarle el comestible en su carreta. También le ofreció subirla a ella en la carreta para llevarla hasta su casa.

Hortensia ni corta ni perezosa se subió pues su casa quedaba a unos diez kilómetros de distancia y además ya estaba por caer un tremendo aguacero.

No habían ido muy lejos cuando la carreta se estancó después de la lluvia que había caído y por más que quisieron no pudieron sacar la rueda del barreal.

"Por dicha que Poncho llega mañana de San José, sino me divorcia hoy mismo" dijo Hortensia riendo, mientras bromeaba con Sebastián.

"No se preocupe mamacita, que si me la divorcian, yo me la llevo a vivir conmigo. Ahí si no me va a importar que la gente hable, usted sabe que estoy enamorado de usted desde antes que se casara con ese pelagatos de Poncho".

"No le diga así a mi marido, qué se ha creído usted! El hecho de que yo le guste no le da el derecho de ofender a mi esposo de esa manera?"

Sebastián era un tremendo conquistador y sus hermosos ojos verdes y su tez morena lo hacían aún más atractivo. Era un campesino con buenos músculos en sus brazos y piernas, lo que se le conoce comúnmente como un hombre macuco.

"Hortensita, no se me enoje, mire, tome un poquito de aguardiente para que se caliente del frío y ya no tiemble como conejo"

Sebastián sacó de su alforja de mecate una botella de aguardiente y dos vasitos de cartón medios arrugados y sirvió la bebida rancia y maloliente en partes iguales.

"Jajajaja, ay Sebastián, usted anda siempre preparado para todo, pero ya escampó, no necesito su aguardiente pa'quitarme el frío. Venga, vamos a ver si podemos sacar la carreta del barrial".

Sebastián ignoró las palabras de Hortensia y poco a poco ambos se embriagaron de aquella sustancia que provocó las carcajadas de ambos y los jueguitos pecaminosos que los invitaron a saborear los besos y las caricias que ambos tenían a flor de piel.

¿Diay qué mae? ¿Pura vida?   Sonia B. F. Arias

Entre broma y broma y sus estruendosas carcajadas, bajo un enorme aguacero los dos se refugiaron bajo un árbol, el cual fue testigo de lo que ocurrió aquella noche.

Eran alrededor de las siete de la noche y ambos se tiraron rendidos y ebrios de pasión y del alcohol rancio que habían consumido en exceso.

Alrededor de las cuatro de la mañana Sebastián se levantó y tomó la botella que tenía al lado. Observó que había casi una cuarta de guaro y se la empinó, sin despertar a Hortensia quien roncaba profundamente.

De pronto sintió ganas de orinar y se encaminó al riachuelo que estaba cerca del lugar, cuando de pronto escuchó, unos gruñidos demoníacos.

En la oscuridad pudo ver la silueta de la carreta que se había estancado, y junto a ella, un par de ojos rojizos, que como llamas lo acechaban acompañados del ronquido fiero.

Trató de huir pero no pudo; como perseguido por el mismo diablo se trepó al primer árbol que encontró en el camino, mientras veía como aquel perro infernal lo trataba de devorar furiosamente.

A Sebastián se le resbaló un pie y el animal con espuma en el hocico, por poco lo devora aquella noche.

Sin saber qué hacer, Sebastián se acordó del escapulario de la Virgen del Carmen que su madrina le regulara para su cumpleaños y se lo enseñó al feroz animal, que no paraba de ladrar furiosamente.

El animal, al ver el escapulario, se echó hacia atrás y salió como alma que lleva el diablo adentrándose en los matorrales de café que estaban cercanos.

Temblando Sebastián se bajó del árbol para regresar donde estaba Hortensia.

"No te creo, esos son cuentos de borrachos" le dijo Hortensia cuando Sebastián le contó su historia de terror, de la cual él mismo había sido testigo.

Sin embargo muy en el fondo, Hortensia dudaba, pues la había impresionado demasiado el terror desmedido que había observado en los ojos de Sebastián, mientras él le narraba la aparición del cadejo.

Cuando amaneció, según me contó tu abuelo, ambos salieron hacia el pueblo como alma que lleva el diablo, olvidándose de la carreta y del comestible que llevaba Hortensia.

Lalo, estaba absorto escuchando aquella historia de terror que acababa de oír, no podía creer que hubiera ocurrido alguna vez, pero su padre no mentía, de eso estaba seguro.

"Papá, que pasó después, como explicó mi abuela a su esposo el haberse ausentado toda una noche?".

Su padre, esbozó una sonrisa y dijo quedamente. "Mi padre se la llevó con él a otro pueblo lejano, después de la paliza que recibió Hortencia, por haber pasado fuera del hogar aquella noche".

"Entonces…. así fue como Hortensia terminó siendo mi abuela?…." Dijo Lalo sorprendido.

"Sí hijo, yo fuí producto de aquella noche de pasión y vos, por consecuencia, el nieto de aquella pareja que descubrieron que se amaban, aunque el hacerlo les costara haber visto al cadejos".

"Papá me sorprende esta historia que me has contado; nunca me hubiera enterado que algo como esto pasó en las vidas de mis abuelos".

"Entonces talvez es cierto lo que dicen en el pueblo y fue el cadejos quien mató a Pancho anoche, su cuerpo estaba destrozado y su rostro desfigurado" continuó diciendo Lalo sin poder creerlo.

Sin que su padre tuviera tiempo para responder, Lalo continuó diciendo: "Lo que no entiendo es la historia del cadejos blanco, en cuáles casos se aparece el blanco y ataca al negro?".

Su padre lo miró sonriendo y dijo de inmediato: "Para serte honesto, en el pueblo dicen que solo los curas cuando se han pasado de copas lo han mirado".

"Te acordás de doña Julia, la esposa de Jerónimo Tasís, el dueño de la cantina La Meca?" Lalo se quedó pensando pero no lograba recordar a esas personas.

"Bueno hijo, esta es otra historia que te contaré otro día; decís que tenés que madrugar mañana y mirá la hora que es" Lalo lo interrumpió diciendo, "no papá, por favor continuá, quiero escucharte".

"Bueno hace unos veinte años la esposa del cantinero, doña Julia, enfermó de gravedad y el padre Canelito, como le decíamos al cura del pueblo, por cierto fue él quien te bautizó, le dió los santos óleos a doña Julia"

Lalo estaba ansioso porque su padre terminara la historia y no lo interrumpió y lo dejó continuar.

"Pues ese curita le metía al guaro, y cuando venía de darle los santos óleos a doña Julia, los del pueblo dicen que iba dando tumbos por el camino y según cuentan, el cadejos le salió al paso pero el cadejos blanco lo defendió y atacando al negro lo dejó seguir su camino"

"Quien fue testigo de esto si el curita estaba tan tapis" agregó Lalo, riendo.

"Pues fijáte que el mismo cura contó la historia y le cogió tal pavor al trago que jamás se volvió a tomar uno. Pensó que había sido un castigo de Dios y nunca más volvió a beber"

Lalo se levantó de su silla y se quedó mirando el camino como quien mira al vacío y luego se volvió hacia donde estaba su padre y sonriendo dijo " No sé si lo que me contaste es cierto, a ti sí te creo que te lo contaron, pero podría haber sido una alucinación de los borrachos y por si las moscas, mejor me voy directito a la cama, así no tendré que defenderme de ningún cadejos"

Aquella noche Lalo se fue a la cama con el firme propósito de no tomarse un trago nunca más. No quería correr el riesgo de ser atacado por el cadejo.

Miró el reloj y levantando sus cobijas, se acostó en su lecho y a los pocos minutos dormía plácidamente sin temer un encuentro con aquellos perros malditos, pues él no pensaba probar un trago de licor nunca más.

6

San Isidro del General -Mayo – 1978...

El Seminarista de San Isidro del General, toma lugar en San Isidro de Perez Zeledón. Los personajes forman parte de una acaudalada familia del lugar.

La mayoría de las personas de San Isidro son muy religiosas y apegadas a las tradiciones que trajeron los colonizadores españoles en la época de la conquista.

El protagonista de esta historia es un seminarista que está a punto de hacer sus votos perpetuos como militante del sacerdocio católico.

Sus dos hermanos y sus tres hermanas pertenecen a diferentes órdenes religiosas porque sus padres al nacer los consagraron a servir a Dios en un convento.

Gustavo Rojas siguiendo la tradición de su familia y para complacer a sus padres en su promesa que hicieron al nacer él, se dispone sujetamente a obedecer a sus progenitores y es convencido por ellos a profesar sus votos perpetuos en la órden de los Jesuítas.

El Seminarista de San Isidro del General
(Cuento Ficción)

Las fiestas patronales de San Isidro del General se acercaban y en pocos días se celebraría, con bombos y platillos, el día de San Isidro Labrador.

Algunos en el pueblo, muy atareados, alistaban sus tamalitos, chicharrones, picadillos y otro tipos de comidas para vender en los chinamos de aquella feria que por tradición se celebraba, año tras año, en la localidad.

En casa de la familia Rojas, un poco adentrada en las montañas, la servidumbre también se preparaba para celebrar un acontecimiento familiar, del cual, todos se sentían muy orgullosos.

El hijo menor de los Rojas, Gustavo, en pocos días haría sus votos perpetuos para ingresar en el convento de los Padres Jesuítas, ubicado en Valladolid, España.

El joven seminarista había regresado a Costa Rica a tomar unas vacaciones, prácticamente, obligadas por el director del convento.

"Debés ir un par de meses a tu país, Rojas. Tengo mis reservas para asegurar que querés hacer tus votos perpetuos. Varias veces durante los retiros espirituales, te noto distraído".

Gustavo Rojas miró al supervisor del convento y bajó su cabeza como aceptando que el Director decía la verdad. Él no estaba seguro que quisiera hacer aquel compromiso con Dios y la orden de los Jesuítas.

"Está bien Padre Superior. Me parece que debo tomar un tiempo. Creo que usted tiene toda la razón".

Gustavo no estaba del todo seguro que su vocación de sacerdote era auténtica. Sus padres siempre lo habían presionado, diciéndole que a raíz de su nacimiento dificultoso, ellos le habían prometido a Dios que su hijo sería sacerdote.

Hoy, Gustavo se hallaba en Costa Rica, en su habitación. Antes de dormir, a tan solo seis semanas de partir nuevamente a Europa, hablaba a solas con Dios y casi le suplicaba que lo liberara de aquellos deseos desesperados que él tenía, sobre no complacer a sus padres.

El sabía que no tenía vocación para el sacerdocio pero el dolor de pensar en la decepción que causaría a sus progenitores, al decirles que deseaba ser un hombre común y corriente; que lo ilusionaba encontrar la mujer de su vida y procrear una familia con ella, no le permitía ser honesto con ellos.

Aquel sentimiento de culpa lo hacía caminar hacia el monasterio, como una ovejita que va al matadero.

"Gustavo, hijo!! Cómo amaneciste?" dijo su padre amablemente, al encontrarlo en la terraza aquella mañana.

Gustavo, un poco distraído por sus pensamientos y conflictos, lo miró sorprendido y disimulando contestó de inmediato. "Bien, papá, bien. Y vos, cómo amaneciste? Me dijo mamá que tenés afectada la garganta. Deberías parar de fumar".

Don Ángel Rojas, un hombre fuerte de alrededor de sesenta años, con un rostro quemado por los fuertes soles, apretó la mano de su hijo y le dio unas palmadas en la espalda.

"Bien, hijo, estoy mejor. No es por la fumadera. Anoche, fui a la botica de Santiago y me inyectó ampicilina y siento que me sirvió porque hoy me duele menos".

Al darle la mano a su padre, se dio cuenta que sus manos tenían muchos callos, por el trabajo arduo que por años había hecho para sacar adelante a su familia de seis hijos.

Sus padres, Mariano y Zaida se habían establecido en San Isidro del General, haciendo uso de una pequeña cantidad que casi cuarenta años atrás, Zaida, había heredado de su abuelo.

Zaida, la madre de Gustavo había trabajado, hombro a hombro, al lado de su esposo y al principio les había costado mucho trabajo construir la hacienda que tenían hoy pero ambos habían hecho todo lo que estaba a su alcance, por sacar a su familia de la pobreza.

"Qué bueno papá, me alegra mucho que estés mejor, sabés qué? .... hoy cuando caminaba por la hacienda, pensaba, en cuánto trabajo les ha costado a ustedes dos, levantarla. Ha sido un gran sacrificio por parte de mamá y tuyo. No me cabe la menor duda"

Don Ángel Rojas miró a su hijo con una amplia sonrisa, mientras decía: "Hijo, nuestro esfuerzo ha valido la pena. El haber trabajado fuerte nos permitió a Zaida y a mí, cumplir la promesa de verlos, a todos ustedes, convertidos en siervos de Dios".

Gustavo bajó la vista pues recordó inmediatamente, los votos que él veía, casi como, una de las guillotinas filosas que se habían usado en Europa durante la Primera Guerra Mundial.

"Hijo, sé que te vas en unas cuantas semanas. Como te dije, Zaida y yo te acompañaremos, como lo hemos hecho con tus hermanos, para que sintás nuestro apoyo en ese gran paso que vas a dar", le dijo, alegremente.

Don Ángel palmeó la espalda de su hijo fuertemente y continuó diciendo " Hijo, se me olvidaba decirte que quiero que me acompañés hoy a la parroquia porque voy a regalarle al padre Toñito, diez terneros para que venda en las fiestas patronales. Estoy muy agradecido con él porque fue Toñito, quien te bautizó a vos y a tus hermanos. También fue él quien nos casó, a tu mamá y a mí".

Sin dejar que su hijo contestara, dijo seguidamente "Además, me encantaría que hablaras un rato con el padre, para que te dé algunos consejitos. Tiene más de cincuenta y cinco años de ser sacerdote y a sus casi ochenta, estoy seguro que te dará buenos consejos".

Gustavo en aquel momento se sintió un verdadero cobarde. Tenía que haberle dicho a su padre, lo que pasaba por su mente una y otra vez.... *"No entendés, que no tengo madera de cura? No quiero estar en un convento. Tengo deseos de estar con una mujer. Siento apetito sexual como cualquier hombre. No quiero condenar mi vida a estar sentado en un confesionario y a rezar el día entero"*

Sin embargo reprimió aquellas palabras y dijo "Sí papá, está bien, te acompaño. Decíme a qué horas nos vamos"

Don Angel mostró aquella sonrisa que lo caracterizaba, cuando se encontraba complacido con algo y dijo seguidamente "Qué te parece a las cuatro de la tarde? Le diré a Jacinto que aliste el camión pequeño con los terneros que nacieron el mes pasado y nos iremos al pueblo a esa hora. Te parece?"

"Claro papá, me parece bien" añadió Gustavo, disimulando su disgusto, a la vez que pensaba: *"Por qué no me preguntás mi parecer, acerca de si quiero o no ser sacerdote? Qué te pasa, papá? No lo vés en mi rostro? Que no quiero hacer algo que a vos y a mamá tanto les ilusiona? Cómo pueden hacer una promesa a Dios sobre la voluntad de sus hijos. Dios Mío, que sacrilegio más grande!!!"*

Don Angel, lejos de los pensamientos de su hijo Gustavo, salió de la terraza para decirle a Jacinto que matara a los terneros y los pusiera en el camión, como habían acordado.

Gustavo quedó absorto en sus pensamientos y abrió su libro devocional para iniciar sus oraciones matutinas. Tan adentrado estaba en sus meditaciones que no miró a la joven que entraba en la terraza con un vaso de jugo de naranja, en un azafate.

"Buenos días Padre Gustavo" dijo la jovencita al entrar. Gustavo, muy sorprendido por aquel saludo que le había dado naúseas repentinas, se volvió para mirarla y se encontró de pronto, con los ojos almendrados de una jovencita de cabellera rubia, lisa, de unos veinte años, quien muy sonriente le ofrecía el jugo de naranja.

"Hola muchacha, por favor no me llamés Padre Gustavo, porque todavía no lo soy. Si me vés con las vestiduras de un cura, es porque los seminaristas estamos obligados a usarlas pero eso no nos hace curas"

Sandra, lo miró apenada y se sonrojó de inmediato, a la vez que se disculpaba "Perdón don Gustavo, su mamá me dijo que le trajera el jugo de naranja a su hijo, el Padre Gustavo, por eso le dije padre".

Gustavo no pudo evitarlo y soltó una carcajada, mientras aceptaba el jugo de naranja. Después de beber unos tragos dijo "Oí muchacha, no te había visto antes. Así que trabajás para mi mamá?"

Sandra, tímidamente, dijo sonriendo "Sí señor, yo soy la hija de Jacinto y Refugios"

Gustavo se sorprendió. Cuánto había crecido aquella muchacha. Cuando él se había ido a España, hacía ocho años, Sandra era apenas una niña.

"Niña!! cuánto has crecido. Cómo pasan los años de rápido. No lo puedo creer!!"

Sandra volvió a sonrojarse, al ver que Gustavo con su mirada, la recorría de pies a cabeza.

Era solamente seis años mayor que ella pero la última vez que la había visto, ocho años atrás, la muchachita se veía muchísimo menor que él.

"Cómo te llamás?" dijo Gustavo, agregando de inmediato "Lo olvidé por completo".

"Sandra, me llamo Sandra. A sus órdenes. Con permiso, señor" dijo Sandra, saliendo apresuradamente de la terraza.

"No, esperá Sandra, no te vayás todavía, contáme sobre tu familia. Qué ha pasado en todos estos años, en que he estado ausente?"

Sandra se volvió sorprendida y por un momento se arrepintió de sentirse atraída, a una persona que ella sabía era pecado mortal considerar. Ni siquiera, sonreírle coquetamente.

"Perdone, señor Gustavo pero mi mamá me está esperando en la cocina, para que la ayude a lavar los trastos del desayuno".

"Yo voy con vos. Quiero saludar a Refugios. Hace mucho no la veo y quiero recordar viejos tiempos, cuando hacía su receta de las empanaditas de chiverre que a mi me encantaban"

Ambos caminaron por los amplios corredores de aquella majestuosa casona que aunque era vieja, se mantenía como si se hubiera construído ayer.

Cuando ya se iban acercando a la cocina, Gustavo tomó a Sandra por un brazo y le dijo "Sandra, perdonáme por lo que te voy a decir. No quiero que lo tomés como si yo fuera un atrevido pero tenés unos ojos muy hermosos. Me imagino que tu novio te lo dice mañana, tarde y noche"

Sandra, no supo qué decir. Esta vez su rostro se tornó como la grana y siguió caminando pero él tomando su mano le dijo "No me mal interpretés pero me parecés una muchacha linda por fuera pero más bella por dentro. No tengo a nadie con quien pueda hablar en este momento y estoy muy confundido…"

Ella no lo dejó continuar e inmediatamente dijo: "Don Gustavo, no creo ser la persona que puede sacarlo de su confusión. Yo soy la empleada de sus papás y no solo eso, la hija de los mandadores de la finca de ellos. Si su papá o el mío, nos encuentra conversando, se van a enojar mucho. Yo no debo hablar con usted. Por favor, déjeme ir. Se lo suplico, no quiero problemas".

Gustavo miró lágrimas en los ojos de Sandra y la dejó ir sin decirle palabra. No había querido lastimarla, no quería que ella pensara mal de él pero con sus estúpidos piropos, la había asustado.

Regresó a la terraza y después de almuerzo fue con su padre, como habían acordado, a ver al padre Toñito y luego de saludarse calurosamente, su padre los dejó a solas para que pudieran hablar.

"Padre quiero confesarme con usted" dijo Gustavo cuando su padre se había ido.

"Por supuesto hijo, ven. Querés hacerlo cara a cara o detrás de la cortina del confesionario" preguntó el sacerdote naturalmente.

"Quiero hacerlo aquí, en su oficina, por favor" añadió Gustavo, con una voz un poco temblorosa que sorprendió al padre Toño, quien ni idea tenía sobre lo que Gustavo estaba a punto de decirle.

"Verá padre, tengo un conflicto interno. Como usted sabe, mis padres prometieron al nacer que mis hermanos y yo seríamos sacerdotes y monjas, anulando con esa promesa nuestra propia voluntad".

A Gustavo le temblaba la voz al hablar y no sabía si le iba a ser posible continuar con su narración pero haciendo un gran esfuerzo, logró continuar.

"Todos mis hermanos son, hoy día, religiosos y yo lo seré en diez días, si no logro que usted me absuelva del pecado que voy a cometer. He tomado la decisión irrevocable de renunciar a los votos perpetuos, aunque con ello, le cause a mis padres, un gran dolor".

El padre Toñito lo miró sin sorprenderse, todo lo contrario, posó su mano sobre el hombro de Gustavo y le dijo "Hijo, yo no tengo que absolverte de nada. Vos no estás cometiendo ningún pecado. Al contrario, estás siendo honesto con vos y con Dios y nadie puede obligarte a dedicar tu vida a dar misas y a rezar, si no sentís la vocación. Te absuelvo de toda culpa interna que estés experimentando. Buscá tu felicidad hijo y serví a Dios de otra manera y no por medio de una vida de sacrificio y ayuno, a la cual, no estás dispuesto a someterte"

Estas palabras del padre, hicieron a Gustavo renacer a una vida llena de ilusiones y metas; sin embargo, dentro de él, lo molestaba el dolor que le causaría a sus padres, al no profesarse como Jesuita, como lo habían hecho sus otros hermanos.

"Padre Toño, mi problema mayor es cómo decírselo a mis papás. Se van a poner furiosos conmigo, cuando les diga que no puedo entrar al convento porque no tengo convicción que quiero ser sacerdote".

El padre lo miró y poniéndose de pie, se encaminó hacia la camioneta, donde don Angel esperaba a Gustavo.

En el camino aconsejó a Gustavo diciéndole "Mirá Gustavo, no creo que debes decirle esto ya. Hacélo cuando te hayás ido de tu casa. Escribíles una carta diciéndoles que no se preocupen por vos. Que vas a estar bien y ahí les podés explicar lo que me contaste a mí".

Gustavo se subió a la camioneta de su padre y a éste le extrañó verlo tan callado. Por eso le preguntó, sin darle mucha importancia "Y qué te dijo el padre, Toño, sobre tu viaje a España que ya casi está a la vuelta de la esquina?"

A Gustavo no le quedó más remedio que mentirle abiertamente a su padre, al decirle "Me dijo que le parecía muy bien y me dio su bendición papá".

Llegando a la casa Gustavo entró en su dormitorio y estuvo por un tiempo prolongado en la ducha, pensó en Sandra y recordó lo linda que era. Era la mujer de sus sueños y no podía dejar que se le escapara de sus manos.

Cuando salió de la ducha eran alrededor de las ocho de la noche. Decidió ir al establo a visitar a sus caballos, Gibraltar y Brasil, sus favoritos.

Eran un par de caballos andaluces viejos, los cuales tenían alrededor de treinta años. Habían llegado a la hacienda de sus padres, por casualidad. Un español, en una feria ganadera, los trajo a San Isidro y su padre los había comprado, cuando eran aún muy jovencitos, para que él y sus hermanos los montaran.

Hoy quería estar con ellos. Se sentía solo y sin poder hablar con nadie sobre sus problemas y lo miserable que se encontraba en aquel momento.

De pronto, oyó una voz femenina, cantando en el establo de al lado. Estaba oscuro y no podía identificar a la persona que cantaba aquella canción, con gran melancolía.

Poco a poco Gustavo se fue acercando y cual fue su sorpresa al ver que era Sandra, la que llenaba las palanganas, con el alimento de las gallinas que dormían.

Lentamente se acercó a ella y la sorprendió con un "Hola" a secas. Ella cuando lo vió, se estremeció y no supo qué decir.

Él, no pudiendo contener más los deseos de besarla, la abrazó suavemente y la atrajo a él. Sandra no se resistió. Era la primera vez que Gustavo, había sentido su cuerpo muy cercano, al de una mujer. Aquella era la primera mujer que lo había hecho sentir, lo que nunca hubiera creído experimentar. La miró a sus ojos y ella no dijo nada. "Qué linda sos, Sandra, qué linda sos!" dijo Gustavo, sin soltarla.

Seguidamente la besó en sus labios. Aquellos labios carnosos pero a la vez tan femeninos, a los que Gustavo no se pudo resistir.

"No te asustés, mi niña. No tengás miedo, no estás haciendo nada malo ni pecaminoso. Simplemente el amor nació en nuestros corazones y al menos yo, no lo voy a dejar escapar fácilmente"

Ella se abrazó a él llorando amargamente, mientras entre sollozos y con voz cortada decía: "No puede ser, Gustavo. Lo nuestro no puede ser. Tu papá va a despedir a mis papás de la hacienda y ellos necesitan el trabajo".

Él la apartó un poco y tomándola por sus hombros, le dijo en una voz casi inaudible. "Por favor, Sandra, confiá en mí. Vos no sos una simple muchacha, con la que quiero propasarme. Vos sos la mujer que quiero por compañera por el resto de mis días. Lo supe ayer, cuando me trajiste el jugo de naranja a la terraza".

Ella lo miró confundida y respondió "Pero usted es un sacerdote. O por lo menos casi lo es, yo no puedo enamorarme de un hombre que vestirá sotana en poco tiempo. Y peor aún, alguien al que jamás volveré a ver, porque se va a ir lejos. Dejáme ir, por favor Gustavo, dejáme ir. No quiero sufrir".

Sandra hizo el intento de salir corriendo pero él no la dejó. La persiguió por el cafetal hasta alcanzarla y casi gritando le dijo: "No me has entendido? Al diablo con la sotana. Yo no voy a comprometerme, a hacer algo que desgraciará mi vida por completo. Yo no me voy a devolver a España. Y si algún día lo hago, será para llevarte de viaje. No entendés Sandra? Yo te amo, quiero que seas mi esposa".

Ella lo miró con un gran desconcierto, mientras decía "Pero, cómo? Si me acabás de conocer? Cómo vas a deshacer tus planes y darle este disgusto a tus padres, por mí? No, Gustavo estás confundido, por Dios, reaccioná!"

Gustavo no quería reaccionar, ya lo había decidido, no se atrevía a decirle a sus padres la verdad, pero se las iría diciendo, poco a poco, para no herirlos.

Les pediría más tiempo para reconsiderar su decisión. Ellos no podían obligarlo. Él era un hombre de veintiocho años que solo deseaba ser feliz, junto a la mujer que amaba.

"Mirá, lo que vamos a hacer. Yo voy a hablar con mis papás, cuando pasen las fiestas. Mañana, vos y yo vamos a ir a la feria del pueblo. No importa, si alguien nos vé juntos. Mejor todavía! Así le llegan a mi papá con el chisme y a mí se me facilita, decirle que nos amamos".

"No, Gustavo, no conocés a mi papá, me va a matar por eso! Él no va a estar de acuerdo, creerá que vos querés abusar de mí. Yo lo conozco como la palma de mis manos".

Gustavo se quedó mirando a Sandra y la besó tiernamente en sus mejillas, mientras le decía "Mi amor, ya sé lo que haremos. Hablaremos con el padre Toñito. Ayer, cuando lo visité con mi papá, le dije que no podía hacer los votos perpetuos porque yo no tenía madera de cura y él me entendió".

Luego, sin dejar hablar a Sandra, Gustavo continuó diciendo: "Sé que el padrecito hablará con tu papá y con el mío. Los convencerá y ambos estarán de acuerdo con que nos casemos, aquí en el pueblo".

Sandra, lo miró dudosa pero sentía que lo amaba demasiado para dejarlo ir. Por eso, sumisamente, acercó su cuerpo y se dejó besar nuevamente por él.

Cuando Gustavo llegó a su casa eran casi las once de la noche y su papá estaba sentado en la sala mirando las noticias de última hora.

"Hijo, de dónde venís? Te he buscado por toda la casa y no te encontré. Ya me estaba empezando a preocupar!"

Gustavo lo miró y se acercó a él para decirle, de una buena vez que jamás sería un sacerdote Jesuíta y que sus planes eran casarse, cuanto antes, con Sandra.

"Papá tengo que hablar con vos, tenés unos minutos?" Su padre se quedó mirándolo y volteó su rostro un poco confundido, mientras decía.

"Ahorita estoy ocupado viendo las noticias, hijo. No me gusta hablar, cuando no puedo concentrarme en la conversación de lleno. Dejémoslo para mañana. Te parece?"

Gustavo asintió con la cabeza y subió a sus habitaciones, mientras pensaba que mañana sería muy tarde. Su padre le había quitado el impulso, para sincerarse con él.

Sacó un papel de carta, un lapicero y un sobre de su escritorio y se dispuso a escribir.

Pensó cambiar la fecha de la carta, cómo si la hubiera escrito diez días después y tomando su pluma, con la cual pensaba firmar la documentación necesaria antes de ejercer los votos perpetuos, escribió con su puño y letra.

Queridos papá y mamá:

Sé que cuando lean esta carta sentirán una gran decepción y eso me duele mucho.

Nunca hubiera querido disgustarlos, pues ustedes han sido muy buenos padres y desde niño me han apoyado mucho, en todos mis proyectos.

Sin embargo, hay uno que es de ustedes únicamente y yo no estoy dispuesto a pagar el precio, porque este plan incluye mi futuro.

Siempre supe que no tenía vocación sacerdotal pero por mucho tiempo me cegué a esa realidad, para complacerlos.

Hoy que estoy pérdidamente enamorado de mi futura esposa, no puedo dejarla ir para vestir una sotana y sentarme detrás de un confesionario.

Soy un hombre de altos valores morales y eso se los debo a ustedes, quienes me los inculcaron pero quiero formar una familia con la mujer que he escogido para compañera.

La mujer que me cautivó con su mirada inocente y su irresistible ingenuidad es Sandra, la hija menor de Refugios y Jacinto.

Les pido que no la juzguen mal. Creánme que tuve que rogarle mucho para que me aceptara, siendo yo un seminarista. Sin embargo, yo le aseguré que mi decisión no fue hecha cuando la conocí, si no, varios meses antes.

Sus padres tampoco saben nada de la boda. No quisimos disgustarlos y así, evitar discusiones innecesarias.

Los amo y les ruego me perdonen por escoger mi felicidad, sobre su promesa, de que todos sus hijos le servirían a Dios.

Creánlo, yo también le serviré a Mi Señor, pero lo haré enseñándole a mis hijos y a mi esposa, con mi ejemplo y mi honestidad.

Los quiero mucho.
Su hijo Gustavo

Cuando Gustavo cerró el sobre, su corazón dio un vuelco repentino.

Sabía que aquella carta traería una repercusión sobre su vida y la de muchas personas que estaban envueltas en su decisión.

Se preguntaba, una y mil veces, cuál sería la reacción de su padre con respecto a él y a su futura esposa.

Colocó la carta en su maleta que tenía debajo de la cama y se tiró en su cama descuidadamente.

Aquella noche soñó con Sandra y aquella piel tan tersa, por la cual sus dedos se habían deslizado una y otra vez, acariciando su espalda y sus senos.

La amaba. No sabía cómo había ocurrido pero se había enamorado de su candidez, desde aquel primer encuentro en la terraza.

A la mañana siguiente, cuando apenas eran las nueve y media, lo despertaron los golpes en la puerta de su habitación.

"Hijo, vine antes de irme a comprar el ganado, pues me dijiste que querés hablar conmigo. Te espero en la terraza".

En aquel momento, Gustavo se sintió un verdadero cobarde. No se lo diría. Jamás le confesaría a su padre su decisión. Tendría que buscar otro tema para hablar con él. Su padre, al menos hoy, no sabría que su hijo Gustavo había cambiado la sotana de Jesuíta por los besos y las caricias de una mujer.

"No papá, no te preocupés. Andá a comprar el ganado y en la noche hablamos. No es nada importante, ya ni me acuerdo qué te iba a decir" dijo Gustavo, mintiendo abiertamente.

"Bueno hijo, si es así pues está bien. Nos vemos cuando regrese".

Gustavo tomó un baño y bajó a la terraza a desayunar con su mamá. Zaida era una mujer de unos cincuenta y pico de años, elegante y esbelta. El dinero que hoy tenían, la había ayudado a superarse. Era una mujer que aunque vestía sencillo, todo le lucía pues tenía la distinción que el dinero da a las mujeres que pueden darse el lujo de cuidarse.

"Oíme mamá, quiero hablarte. Mi papá se fué esta mañana a comprar el ganado y esta es mi oportunidad".

Su madre lo miró confundida. No entendía qué tenía su hijo que decirle que su esposo no podía escuchar.

"Decíme hijo, soy toda oídos pero me sorprende que querrás hablar conmigo a solas".

"Mamá, quizás vos como mujer, me vas a comprender mejor pero no voy a poder complacerlos haciendo los votos perpetuos, como sacerdote" dijo Gustavo, sin detenerse a pensar lo que aquellas palabras iban a causar en su madre.

Ella se levantó de su silla, diciendo inmediatamente "Queeé? No te entiendo!!! Qué querés decirme con eso?"

Gustavo la miró seriamente y continuó "Lo que oíste mamá. No tengo madera de cura. No puedo sujetarme a una promesa a Dios que yo no hice, para complacerlos a ustedes. Soy un hombre y siento como tal. Quiero casarme, tener hijos, amar a una mujer con mi vida. Así que no puedo complacerlos. Lo siento".

Su madre impactada por lo que estaba escuchando, se sentó nuevamente y tratando de mantener su calma, dijo en voz muy queda: "Gustavo, cómo se lo vas a decir a tu papá. Se va a poner furioso, acordáte que su corazón quedó débil después de las fiebres que le dieron el año pasado. Esta noticia lo puede matar".

En aquel momento entró Sandra con Refugios en la terraza para servir el desayuno y Zaida paró de hablar.

Ambos se quedaron silenciosos y Refugios ajena a lo que estaba ocurriendo en la casa de sus patrones, continuó sirviendo el desayuno.

Gustavo miró a Sandra y ella le sonrió tímidamente pero ninguno de los dos se atrevió a saludarse, ni siquiera con la mirada.

Una vez el desayuno fué servido, ambas salieron de la terraza, dejando solos a Gustavo y a Zaida nuevamente.

"Qué te hizo tomar esta decisión Gustavo, decíme la verdad. Existe una mujer en tu vida?"

Gustavo miró a su madre y no pudo mentirle. "Sí mamá, estoy enamorado de alguien pero la decisión ya la había tomado antes de conocerla".

"Ah… entonces fué eso? Claro, me lo suponía. Y se puede saber, quién es tu novia" dijo Zaida con gran amargura e ironía.

"Mamá, por favor, sé que estás sufriendo. Por favor entendé. Te amo mucho y a mi papá también pero es mucho el sacrificio que ustedes quieren que yo haga. No me hablés así, quiero comunicarme bien con vos".

"Lo siento Gustavo, no puedo aceptar esta noticia a carcajadas. Vos sabés lo que esta noticia va a causar en tu papá, sobre todo".

Gustavo tomó a su mamá por los hombros y con ojos suplicantes le dijo suavemente.

"Por favor. No le digás nada de esto a mi papá. Yo le escribí una carta a ustedes, la cual les dejaré cuando me vaya. Sé que estoy actuando como todo un cobarde pero es muy difícil para mi enfrentar sus reclamos".

Zaida miró a su hijo con ojos llorosos y lo abrazó fuertemente.

"Mamá por favor dáme tu bendición y confiá en mi decisión. Apoyáme con mi papá, por favor. Sé que él va a entender tarde o temprano".

"Quién es esa mujer, Gustavo, quién es esa mujer, por favor decíme. La conozco?"

Gustavo calló por unos instantes y luego dijo: "Es una excelente mujer, mamá. No estás preparada, todavía, para que te diga su nombre. Lo único que puedo decirte es que es, la mejor que pude haber elegido. Muy pronto te la presentaré como mi esposa. Confiá en mí".

Zaida quedó en silencio y no insistió más. En sus ojos se reflejaba la desilusión y la tristeza por la frustración que estaba sufriendo, en aquel momento.

Lo peor, era que jamás le había guardado un secreto a su marido. Su relación con Ángel Rojas había sido transparente toda su vida, desde que lo había conocido y hoy tenía un secreto en su corazón que no se atrevía a revelarle, por temor a su reacción.

Gustavo salió en silencio de la terraza y aquella noche se dirigió a los establos para encontrarse con su amada Sandra. Ella llegó puntual a su cita. En cuanto se vieron, la abrazó, besándola con gran ternura y a la vez con una pasión desmedida.

"Ya mamá lo sabe. Hoy hablé con ella durante el desayuno. Aproveché que papá se fué con el tuyo, a comprar el ganado a la feria".

Sandra lo apartó con terror e inmediatamente dijo:

"No, Gustavo, no me digás que tu mamá sabe lo nuestro, cómo le dijiste? Me prometiste que no lo harías todavía. Cómo pudiste hacerme esto Gustavo, cómo pudiste?" dijo Sandra entre sollozos.

"No! Esperá, amor, ella sabe solamente una parte. No sabe quién es mi futura esposa. No sabe que vos sos la mujer de mi vida. Eso no lo diré hasta que vos y yo lo hagamos juntos. Cómo se te ocurre que yo iba a engañarte, Sandra?"

Ella, un poco más calmada, volvió, nuevamente, a refugiarse en sus brazos y continuó diciendo:

"Gustavo, yo te amo. Te amo más que a mi propia vida. Si me pedís que huyamos esta misma noche, lo hago sin dudarlo pero tengo mucho miedo de enfrentar a mis papás. Se van a enojar mucho, pensando que yo te seduje".

Sandra no pudo continuar y entre sollozos alcanzó a decir: "Nunca me hubiera fijado en vos como hombre, si hubiera pensado que eras un sacerdote pero vos me dijiste que no ibas a serlo"

"Amor, calmate. No tenemos nada por qué sentirnos culpables. No te preocupés, yo te amo y lo sabés muy bien. Estamos haciendo las cosas bien. Nuestros padres entenderán, ya vas a ver".

Ambos salieron abrazados del establo y se dirigieron a sus casas, huyendo de aquel lugar y mirando para todo lado, como si estuvieran cometiendo el mayor de los crímenes.

Así pasaron los días, hasta que llegó el día en el cual, Sandra y Gustavo habían decidido ir donde el padre Toño para recibir su bendición.

Aquella mañana se levantaron temprano y con el pretexto de ir a la ciudad a comprar el tiquete para España, Gustavo salió de la hacienda, sin despertar sospechas.

La excusa del tiquete no era del todo mentira. Iba a la agencia a comprar dos tiquetes, uno para él y otro para Sandra.

De pronto escuchó una voz a sus espaldas, "Gustavo, hijo!! Para dónde vas? Te acompaño?" oyó decir a su padre.

"Este es el momento de hablar con él" pensó Gustavo "No debo esperar ni un momento más. Pase lo que pase".

Gustavo caminó hacia donde estaba su padre y olvidándose de la carta, sin esperar que él iniciara la conversación dijo de inmediato "Papá, tengo que decirte algo que ya no puedo callar por más tiempo. No voy al pueblo a comprar los tiquetes para irnos a España. Voy a comprar dos tiquetes porque me voy con otra persona. No voy para el monasterio, como vos creés. No voy a hacer los votos perpetuos".

Sus palabras sonaron como martillazos en los oídos de Ángel Rojas, quien apretando las mandíbulas y tragando en seco, miró a los ojos de su hijo, como si no creyera lo que éste le estaba diciendo.

"Como lo has escuchado papá. Lo siento pero no puedo complacerte en que cumplás una promesa que fué hecha por vos y mamá, sin tomar en cuenta, cuál iba a ser mi decisión cuando creciera. No voy a hacerme sacerdote porque no tengo vocación. Lo siento mucho. Te iba a dejar una carta pero lo pensé dos veces y no puedo hacerte eso".

Los ojos de Angel Rojas brillaron de furia al ver a su hijo desafiante, parado frente a él.

"Cómo te atrevés a hablarme así?" dijo Ángel fuera de sí. "No te estás dando cuenta que por cualquier mujerzuela, estás irrespetando a tus padres y lo que es peor, a Dios?"

Gustavo se alteró y sin pensar en lo que iba a decir se le enfrentó a su padre diciendo "Yo no estoy haciendo nada malo. Simplemente voy a ser feliz, aunque para eso tenga que pasar por encima de esa estúpida promesa religiosa que no tiene nada que ver conmigo ni con Dios. Entendélo papá, o me das la bendición para casarme con la mujer que amo o no me verán más por estos rumbos!!"

Ángel no podía creer lo que estaban escuchando sus oídos y tampoco podía ni quería controlarse, por eso también gritó: "Por supuesto que no te la doy. Te vas hoy. Por estas tierras no volverás. Hoy mismo dejo de ser tu padre y por tanto no heredarás ni un cinco de mi parte".

Gustavo subió a su auto y no dijo nada más. Su corazón estaba destrozado por dentro. Cómo podía ser su padre tan ridículamente religioso y armar tal escándalo, por algo tan normal como era que su hijo se casara con la mujer que amaba.

Todavía faltaba la peor parte. Decirle a Sandra, lo que la verdad, había provocado en su padre. Por un momento flaqueó y antes de llegar a la casa de ella, se detuvo en el camino para meditar, si valía la pena darles a sus padres tremendo disgusto.

Estaría de verdad ofendiendo a Dios? No podía creer que su felicidad iba a construirse sobre el dolor de sus padres. Se iría solo para Europa y no la llevaría. Dejaría a Sandra en la hacienda, para que sus padres no perdieran su trabajo.

Refugios y Jacinto no se merecían pagar las consecuencias de su rebeldía.

Paró su auto frente a la casa de su prometida y se bajó para hablar con ella, para despedirse de lo que él creía era el amor de su vida. Ella lo esperaba fuera de la casa y se sorprendió al verlo tan serio y tan frío.

"Qué pasa Gustavo? Te pasó algo? Estás blanco como un papel!!"

Él no contestó a la pregunta y simplemente dijo "Están tus papás en la casa?"

Ella lo miró desconcertada y añadió "Sí, claro pero creí que…." Él no la dejó continuar y la interrumpió diciendo, "Sandra, mi amor, hablé con mis padres. Mi mamá se enojó pero lo tomó mejor que él. Mi papá me echó de la hacienda y no sabe todavía quién sos".

Sandra se apartó un poco y dijo "No, Gustavo no quiero estar en el medio de vos y tu papá. Los míos tampoco saben nada y no me iré de su lado sin su bendición. Lo decidí esta mañana".

"Les hablaré ahora mismo. No nos casaremos hasta no tener la bendición de nuestros padres. No vamos a empezar nuestra relación, sobre el dolor de otros" dijo Gustavo tomando la barbilla de Sandra tiernamente.

Sin que ella pudiera contestar, Gustavo caminó hacia la humilde cabaña para hablar con los padres de Sandra.

Ambos estaban en la cocina con la taza de café recién chorreado. La bolsa humeante, despedía un olor agradable que se confundía con el de la leña que estaba en el fogón, cocinando los frijoles.

"Hola don Gustavo. Me imagino que viene a despedirse. Me dijo don Ángel que salen mañana para España"

Gustavo los miró con una sonrisa lánguida, la cual, Refugios y Jacinto reconocieron por intuición que no venía a decirles nada bueno. No entendían o no le habían dado importancia al hecho que su hija Sandra estaba parada junto a su patrón e ignoraron el detalle.

"Jacinto y Refugios, vengo a hablar con ustedes. Sé que desde niño me conocen y no voy a andarme por las ramas con lo que tengo que decirles"

Ambos se miraron sorprendidos y Refugios ajustó su delantal un poco, tocando su cintura nerviosamente.

"Me he dado cuenta que estoy enamorado de su hija Sandra. Estamos manteniendo una relación de noviazgo cristalino. No piensen mal. Desde hace aproximadamente tres meses somos novios. Nos amamos y yo he venido hoy a pedir su mano. Mis papás no saben quién es mi novia pero ya les dije que no me voy a España porque no puedo hacer los votos perpetuos y meterme en un monasterio por el resto de mis días, porque estoy enamorado de una mujer."

Gustavo observó, en el rostro de sus futuros suegros, una mirada de resentimiento y a la vez de confusión. Ambos miraron a su hija, quien parada junto a Gustavo no sabía qué hacer ni qué decir.

"Con todo el respeto que usted se merece don Gustavo, yo no puedo autorizar algo en que su papá no está de acuerdo. Soy el hombre de confianza de él y cuando se dé cuenta que Sandra esté involucrada en esto, no lo va a permitir. Así que aunque yo sé que ambos son mayores de edad y pueden casarse hoy mismo, si así lo desean, no tendrán mi bendición hasta que sus padres no bendigan esta unión".

A Gustavo le tembló su quijada de rabia por lo que Jacinto acababa de decir. Sin embargo, se contuvo y mirando a Sandra le dijo "Creo que no tendremos otro remedio que ir a hablar con el padre Toñito para que convenza a tus padres y a los míos. Ya veo que ambos son bien tercos!"

Sandra lo abrazó sin importarle que sus padres estaban presentes y ambos salieron de la casa de Sandra y subieron al auto, a pesar de las súplicas de Refugios, quien les gritaba que pensaran bien lo que estaban haciendo.

El padre Toño los estaba esperando en su oficina y en cuanto llegaron los saludó cariñosamente.

"Pasen, hijos, pasen. Los estaba esperando". Luego dirigiéndose a Gustavo, dijo de inmediato: "Tu padre me acaba de llamar, estaba como fiera enjaulada. No admite tu matrimonio de ninguna manera pero no deja de tener razón, hijo. Él cree que has escogido una mala mujer. Vos no le has dicho que se trata de Sandra. Vos sabés que tu mamá es la madrina de Sandra".

Sandra se veía llorosa y el padre lo notó. "Hija, qué pasa? Por qué te veo triste? No tenés porque sentirte mal. Pienso que el tiempo sanará las heridas y ustedes merecen ser felices".

Sandra miró al sacerdote como insegura de lo que estaba haciendo. Gustavo, sin dejar que la conversación continuara dijo, sin más. "Padre quiero que nos case ahora o mañana mismo. Lo he decidido. Nuestros padres lo aceptarán tarde o temprano".

"Está bien hijos Los conozco a ambos y no pienso que es justo para ustedes que sus padres, siendo ambos mayores de edad, no los dejen llevar a cabo sus planes de boda por un capricho que no tiene nada que ver con la voluntad de Dios".

Cuando Sandra y Gustavo estaban a punto de salir de la casa cural, el padre les prometió algo que les causó una enorme sorpresa.

"Esta misma noche invitaré a los padres de ambos a que vengan a hablar conmigo. Estoy seguro que después que hable con ellos, cambiarán de opinión. Sin embargo, no puedo prometerles nada pero de todas maneras los espero en mi iglesia mañana a las nueve en punto y ahí les daré la bendición matrimonial".

Sandra y Gustavo se miraron y en sus rostros se asomaba un poco de preocupación. Ambos amaban a sus padres y no querían disgustarlos ni contradecirlos pero tenían que salvar su amor, a pesar de que el mundo entero se opusiera a que ellos fueran felices.

Gustavo llegó tarde a su casa y prefirió entrar por la puerta de atrás para no tener que mirar a sus padres. No sabía si podrían estar en la sala y en aquel momento aunque los amaba, deseaba evadirlos a toda costa.

No quería por nada del mundo enfrentarse a su padre como lo había hecho. Se preguntaba si el padre Toñito, lo habría convencido de que aceptara su noviazgo.

Al día siguiente Sandra se convertiría en su esposa. Era tan linda, tan cándida y él había soñado tantas noches en hacerla suya.

"Cuánto está sufriendo!!" dijo Gustavo para sí. "Me duele que sufra, qué lindo sería que sus papás y los míos hubieran aceptado nuestra decisión de casarnos. Todo sería tan distinto."

Se levantó temprano, tomó un baño y bajó a desayunar. Sandra le trajo su desayuno, como de costumbre.

"Amor, a las nueve tenemos que estar en la casa cural, recordá" le dijo Gustavo tomándola de la cintura.

Ella lo miró tímidamente y sonrió. "Por fin, serás mi esposa. Hoy mismo nos iremos al Hotel Corobicí. Queda cerca del aeropuerto Juan Santamaría. Mañana partimos hacia España en la tarde. Quiero enseñarte Europa. La pasaremos lindo por allá".

Ella bajó su mirada y él levantó su barbilla y notó lágrimas en sus ojos "No te preocupés. Tus papás y los míos aceptarán lo nuestro algún día, ya verás!".

Sandra no respondió, recogió la bandeja y se dispuso a ir a la cocina, pero él no la dejó. Tomándola por sus caderas, le dijo suavemente " Ven amor, desayuna aquí conmigo".

Ella lo complació y se sentó a su lado. De pronto se sobresaltó y dijo "No, Gustavo, nos pueden ver tus papás". Gustavo la sostuvo diciendo "Y qué? mi amor, es mejor que nos vean, así sabrán que mi futura esposa es una mujer limpia y cristalina, como el agua del arroyo".

No pudo contenerse y la atrajo hacia él y la besó tiernamente en los labios. Ella lo apartó diciendo. "No Gustavo, no!!! No quiero que ellos se enteren de esta manera! Recordá que son mis padrinos!!"

Gustavo respetó su decisión y no insistió más. La amaba demasiado para contrariarla.

Cuando llegaron a la casa cural, ambos estaban nerviosos. Se sentían felices pero a la vez tenían sentimientos encontrados de casarse así, sin testigos y sin invitados pero lo que más les dolía a ambos era no contar con la bendición de sus padres.

El padre Toño abrió la puerta de la casa y los saludó amablemente. "Buenos días hijos, pasen, pasen ..... Los estaba esperando!!!". El padre tenía una amplia sonrisa en su rostro y los encaminó a la iglesia, para efectuar la ceremonia.

Cuando entraron a la iglesia, Gustavo y Sandra no podían creer lo que estaban viendo. Sus padres y los padres de Sandra se encontraban sentados en las bancas de adelante.

Cuando los vieron entrar, ambas parejas se levantaron de sus asientos y se acercaron donde ellos estaban.

Sandra se abrazó llorando a sus padres y Gustavo, emocionado como estaba, se abrazó a los suyos.

"Gracias papá, gracias, mamá! Sabía que no me fallarían en un día tan especial pero a la vez tenía tanto miedo que no me entendieran el por qué no podía complacerlos?"

Los seis estaban muy emocionados, Casi no podían hablar. El padre Toñito tomó la iniciativa y dijo:

"Bueno, no sé si la boda se efectuará hoy o si los planes cambiaron y desean tener algunos invitados y amigos que los ayuden a celebrar?"

Gustavo miró a Sandra y observó como su rostro resplandecía de felicidad. "No, Padre, cásenos hoy. Mañana nos vamos a Europa, Sandra y yo. En un mes cuando estemos de regreso, haremos una gran fiesta en la hacienda para celebrar con nuestros amigos. No quiero retrasar la boda. Te parece bien, Sandra?"

Sandra asintió con la cabeza y se dieron un beso, el cual el Padre interrumpió, bromeando "No Gustavo, espera. Todavía no podés besar a tu novia. No te adelantés!" Todos riendo se dispusieron a que Toñito los casara.

Fue una ceremonia corta y sencilla. Ya eran marido y mujer! Todo lo demás no importaba. La recepción, los invitados, vendrían después. Con tener a sus padres en la boda les bastaba. Para qué querían más?

Una vez llegaron al Corobicí, Gustavo la tomó en sus brazos, mientras decía, "Amor, ya sos mi señora ante Dios y ante los hombres, siempre serás mi esposa y en poco tiempo la madre de mis hijos".

La depositó en el lecho cubierto de pétalos rojos y la besó con gran pasión. Sandra, temblando de felicidad y de amor por el hombre que se había robado su corazón, respondió a sus caricias mientras el velo de la noche oscurecía la habitación en la cual solo se miraban dos siluetas, deseosas de amarse intensamente y para siempre.

7

Río Virilla – Marzo 1926

Un milagro en el Puente del Virilla, se desarrolla hace casi cien años cuando el 26 de marzo de 1926 en la provincia de Heredia, un tren lleno de pasajeros se descarriló mientras cruzaba el Puente sobre el Río Virilla.

Este trágico evento es considerado el peor accidente ferroviario en la historia de Costa Rica donde doscientos cuarenta y ocho personas perdieron la vida.

Los protagonistas de mi historia son una pareja de recién casados que se dirigían a Cartago pagar a una promesa a la Virgen de Los Angeles y a entregarle el bouquette de novia a la Patrona de Costa Rica.

Ambos lograron sobrevivir sin saber uno del otro por alrededor de dos días pero su amor y los deseos de estar juntos los unió nuevamente.

Un Milagro en el Puente del Virilla

"Hoy es el día más feliz de mi vida hermanita!!" dijo Carmelita Retana desde su cuarto a su hermana Yolanda que se encontraba en la sala preparando la comida que se serviría aquella tarde en la boda de Carmelita.

"No es para menos Lita, Rogelio te enloqueció definitivamente" contestó Yolanda entre carcajadas.

"A mí, hasta cuándo me mandará San Antonio mi príncipe?, hace tiempo lo tengo con la jupa para abajo y nada que me lo manda".

Carmelita era la hermana menor y tenía diecinueve años mientras que a Yolanda ya le coleaban los veinticinco.

"Paciencia, hermanita, paciencia recordá lo que decía la abuela, marido y mortaja del cielo baja" dijo Carmelita mientras metía la cuchara para probar la paella que recién sacaba su hermana del horno.

"Yoli, apuráte!! La boda es a las cuatro y ya son las once de la mañana y tenemos que ir a donde doña Francisca a hacernos las uñas" añadió Carmelita mientras se servía un vaso de leche con unas galletitas.

Su hermana Yolanda la miró con una carita maliciosa y le dijo "Y adónde van a pasar la luna de miel? Ya te dijo Rogelio dónde te va a llevar?"

"Vamos para Cartago, su tío Alfonso nos prestó una cabaña cerca del Volcán Irazú. Nos vamos tempranito, en el mismo tren de la excursión que va para Cartago mañana".

Su hermana la miró extrañada, mientras decía: "Pensé que se irían en el bus que va directo, ese tren va parando en Heredia y San José para recoger los pasajeros, por eso yo no quise ir; además va repleto como lata de sardinas según he oído decir a la gente".

"Si, ya sé, pero yo le dije a Rogelio que quiero dejar mi bouquet en el altar de la Basílica antes que nos vayamos a la cabaña de su tío" agregó Carmelita mientras tomaba la billetera y se aproximaba a la puerta.

"Además el Profe Francisco organizó la excursión para ayudar al Asilo de Ancianos de Cartago, así que matamos dos pájaros de un tiro, mejor dicho tres, ayudamos al asilo, dejo el bouquet en la basílica y nos vamos de luna de miel" dijo Carmelita riendo mientras abría la puerta de su casa.

"OK pues, vámonos donde doña Francisca, para que nos haga las uñas y saquemos eso del camino" contestó Yolanda despreocupadamente. Las horas transcurrieron a partir de aquel momento y a las seis de la tarde en la Iglesia de la Agonía de Alajuela, se casaron Rogelio Salazar y Carmelita Gómez.

Después de la ceremonia, los invitados y los recién casados pasaron a celebrar al restaurante que estaba a dos cuadras de la iglesia y entre bailes, cervezas y brindis por los novios, la fiesta se extendió hasta la media noche.

"Vamos amor, mañana tenemos que madrugar, el tren sale temprano y todavía no hemos empacado", dijo Rogelio a su, ya esposa Carmelita, mientras le besaba ligeramente sus labios.

"Yo ya empaqué mi maleta, amor, la tengo lista a la par de la puerta de mi casa" dijo Carmelita mientras extendía sus brazos para abrazar a su esposo.

Ambos, tomados de la mano, salieron por la puerta de atrás del restaurant para que nadie los viera. La casa de Carmelita estaba cerca.

Rogelio la ayudó a subirse al auto, regalo de bodas de su padre, quien era un acaudalado cafetalero de la provincia de Alajuela.

Rogelio era el único hijo de don Rafael, pues su esposa había muerto cuando Rogelio tan solo tenía tres años de edad a causa de una afección del hígado.

Se encaminaron a la casa de Carmelita y ahí recogieron la maleta y seguidamente fueron a casa de Rogelio, empacaron la valija de él y se dirigieron al Hotel Rex que se encontraba localizado frente a una de las escuelas de la provincia de Alajuela donde pasaron su noche de bodas.

Al llegar al hotel, Rogelio, la tomó en sus brazos y la depositó en el lecho y entre besos y caricias, la hizo suya por primera vez.

Estaban rendidos por el día tan ajetreado que habían tenido y después de pasar aquel momento sublime en el que ambos se daban por entero y entregaban lo más precioso de ambos que era el amor incondicional que se profesaban, se durmieron profundamente hasta el otro día.

El reloj despertador de la mesita de la noche marcó las 6:00 a.m. a la vez que los despertó con un timbre que más bien parecía el de un telégrafo.

"Buenos días amor" susurró Carmelita a oídos de Rogelio mientras con cosquillas despertaba a su marido, "tenemos que apurarnos, el tren sale a las 7:30 a.m. y el profe dijo que no van a esperar a nadie que llegue tarde"

"Quisiera quedarme el día de hoy, con vos aquí Melita, lo aprovecharíamos muy bien" dijo Rogelio mientras abrazaba a su mujer y la apretaba contra sí.

"Yo también quisiera eso mi amor, pero ya compramos los tiquetes; además el tren va a parar en la Basílica y quiero dejar mi ramo en el altar, te acordás que te dije?"

Rogelio soltando una carcajada, dijo "Sí amor, cómo crees que no me voy a acordar si ese ha sido tu plan desde que te pedí que nos casáramos, vamos apuráte, nos bañaremos juntos por primera vez"

Ambos saltaron de la cama al mismo tiempo y entre risas y jugueteos se metieron bajo la ducha dando rienda suelta a su pasión de recién casados nuevamente.

El presente era lo único que les importaba en aquel momento, el tren que los llevaría hasta Cartago; era en lo único que pensaban Rogelio y Carmelita en aquel instante, en el que dejaban volar su imaginación, fantaseando con el día que tuvieran sus hijos.

Eran aproximadamente las 7:20 de la mañana cuando llegaron a la estación. Varias personas se encontraban ahí, haciendo la fila para comprar sus tiquetes.

Habían niños de todas las edades, algunos en brazos de sus madres, otros jugueteaban en la estación. Algunos de los pasajeros estaban sentados en las bancas leyendo el periódico matutino.

Carmelita y Rogelio alegres saludaron a algunos de sus amigos, los cuales habían estado con ellos en la boda la noche anterior.

"No me digan que van en este tren con nosotros, qué tirada!!" dijo Rogelio bromeando, mientras saludaba a un par de amigos que había encontrado en la estación.

"Y se puede saber hacia dónde se dirigen los tortolitos recién casados?" contestó uno de los amigos, mostrando un poco de sarcasmo al hablar.

"Eso si no lo vamos a decir" contestó Carmelita lanzando una carcajada "te dejaremos con el clavo, la curiosidad mató al gato"

Sonriendo subieron al penúltimo de los vagones del tren, donde iban la mayoría de sus amigos.

Carmelita lucía esplendorosa, una blusa de chinilla rojo con blanco y un pantalón blanco y zapatos de tacón alto rojos que hacían juego con su lazo en el cabello que coquetamente amarraba su cola de caballo.

Rogelio vestía una camisa de cuadros de manga corta y unos pantalones de mezclilla que trajera de Panamá cuando había ido con su padre a un viaje por asuntos de negocios.

Uno de los amigos sacó la guitarra y empezó a cantar en "Solamente una vez". Rogelio y Carmelita se besaron en los labios y sentían que el mundo era solamente de ellos en aquel momento.

Nada ni siquiera la bulla que hacían sus amigos los sacaba del éxtasis que ambos experimentaban, sin importarles lo que estaba a su alrededor.

El tren inició su viaje, era un convoy de la Northern Railway Company, prácticamente nuevo, los asientos eran confortables, forrados en cuero rojo que en conjunto con los bellos paisajes que se observaban desde los ventanales, hacían el viaje más placentero para aquel par de enamorados.

Llegó el momento en el cual el asistente del maquinista recogió los tiquetes, en los cuales se leía *A beneficio del Asilo de Ancianos de Cartago.*

La excursión había sido organizada por el profesor Francisco Gómez Alizago y la idea de levantar fondos para el asilo había atraído la atención de muchas personas.

Alrededor de mil ciudadanos alajuelenses, heredianos y capitalinos habían respondido al llamado del profe como cariñosamente lo llamaban sus alumnos y sus ex alumnos del Liceo de Alajuela.

La Northern Railway Company, había prestado los servicios del tren gratuitamente y seis vagones habían salido de Alajuela y en Heredia se añadirían tres más.

El tren realizó dos paradas una en San Joaquín y otra en la ciudad de Heredia, donde se le unieron los otros tres vagones de pasajeros.

Era tal la cantidad de personas que querían ir a Cartago, que algunos no pudieron abordar el tren pues hasta el último asiento se ocupó en Heredia.

El maquinista hizo la decisión de no parar en San José pues ya el tren iba repleto de pasajeros, después que se habían agregado los tres últimos vagones en Heredia.

De pronto Carmelita tuvo un mal presentimiento y mirando el gentío que se estaba subiendo al tren en Heredia miró a su marido con ojos de pánico mientras decía: "Roge, no creés que es peligroso que suban tantos pasajeros en este tren, se puede descarrilar"

Su esposo la miró con sus ojos de enamorado y pasó su brazo detrás de la espalda de ella, atrayendo su cabeza hacia su hombro y besando su frente, contestó confiado: "Ay Dios Mío que trágica me salió mi esposa, cómo se te ocurre que se va a descarrilar, amor? Este tren tiene la capacidad para este número de pasajeros o para más, no te preocupés mi chiquita, disfrutá el viaje al lado de tu maridito, que está deseando llegar a la cabañita para comerte a besos"

Ambos rieron y se dieron un beso tan largo que sus amigos empezaron a bromear diciendo "No antojen al desafortunado! Espérense a llegar adonde van, no se permiten escenas románticas, que en este tren también vamos solteros y sin novia".

Rogelio y Carmelita soltaron una carcajada junto al resto de sus amigos y Rogelio contestó con otra broma. "Están celosos porque ni novia tienen, búsquense una y cásense y no nos molesten, envidiosos!"

Eran alrededor de las 8:20 de la mañana cuando el primer vagón empezó a atravesar el puente sobre el Río Virilla.

No fue hasta este momento que el maquinista se percató que el tren subiría una cuesta y sabiendo que traía diez vagones llenos de pasajeros, aceleró el tren sin darse cuenta que el último de los vagones no había atravesado aún la curva.

La cantidad excesiva de personas en los vagones y la aceleración repentina del maquinista, hizo que el último vagón se saliera, ante el pánico de los pasajeros, de las vías ferroviarias.

Carmelita y Rogelio y el resto de los pasajeros pegaron un grito, al oír el estruendo que el descarrilamiento del último vagón causó.

Todos los pasajeros de los tres últimos vagones se asomaron a las ventanas del tren y miraron hacia atrás. Nadie sabía lo que había ocurrido, los niños gritaban y las mujeres también.

Rogelio con ojos de pánico tomaba la mano de Carmelita quien gritaba histéricamente.

Todo sucedió en segundos, de pronto sintieron como si una fuerza los empujaba al suelo. Como pudieron se pararon y se asomaron por la ventana y con terror miraron que tres de los vagones se habían despegado del resto de los vagones.

"Qué está pasando Dios Mío, que está pasando? Rogelio nos vamos a matar" gritaba Carmelita angustiada.

"Calmáte Carmelita, calmáte, no nos va a pasar nada, por favor tenés que calmarte, confiá en mí"

De pronto con ojos de pánico Rogelio vió como el penúltimo vagón se desprendía de los otros dos y caía en el río Virilla destrozándose por completo.

El último de los vagones había caído sobre los pastos y muchos pasajeros habían sido expulsados del vagón por el impacto.

Los cadáveres se miraban desde el vagón en el que ellos se encontraban, pues éste se balanceaba y guindaba de la baranda del puente.

Carmelita y Rogelio miraban como las personas caían de los árboles y ellos presentían que serían los próximos en caer al río.

De pronto el vagón en el que ellos se hallaban, se dobló por la mitad y una parte quedó inclinado hacia el río, ante los ojos aterrorizados de los pasajeros.

Una fuerza poderosa lanzó a varios de los pasajeros por las ventanas al deslizarse sin control, en cuenta Carmelita, quien se desprendió de las manos de su esposo como arrebatada por una fuerza diabólica, sin que Rogelio pudiera evitarlo.

El cuerpo de Rogelio, fue golpeado contra uno de los barrotes de hierro que sostenían los asientos quedando inconsciente al instante.

¿Diay qué mae? ¿Pura vida?   Sonia B. F. Arias

Lo último que oyó Rogelio antes de perder su conciencia, fue el grito de su amada Carmelita y con ojos de terror pudo observar el ramillete de boda, caer por la ventana directamente al río.

"Carmelitaaaaa!!!" Fue el último grito desesperado de Rogelio al ver como su amada era arrancada de sus brazos y expulsada del vagón.

Los cuadros de terror que se miraban eran espeluznantes, los gritos de los pasajeros no se oyeron más. El maquinista junto con otros siete vagones habían seguido su camino para poder avisar sobre la tragedia.

Alrededor de las 11:30 a.m. de la mañana comenzaron a llegar los rescatistas y las ambulancias que venían de San José, Cartago, Heredia y Alajuela.

Carmelita por el impacto emocional sufrido ante la tragedia, había perdido momentáneamente su memoria, y confundida se encontraba en uno de los hospitales donde los sobrevivientes habían sido llevados.

No sabía quién era, ni como se llamaba, ni hacia dónde se dirigía, no se acordaba de nada, ni siquiera que se había casado con Rogelio el día anterior.

Rogelio también había sido llevado al hospital de Alajuela con una conmoción cerebral. Lo habían inducido a un sueño por medio de una anestesia total para realizarle algunos exámenes.

Mientras esto ocurría los socorristas, médicos y policías intentaban rescatar algunos que estaban aún con vida.

Habían muchísimos cadáveres en el río, cuyas cabezas se habían estrellado contra las rocas, otros habían quedado colgados sobre las copas de los árboles.

Algunos de los heridos fueron trasladados en otros trenes a los hospitales de Heredia y de Alajuela.

La escena era desoladora. Todos los cadáveres habían sido colocados a la orilla del río para que sus familiares vinieran a reconocerlos.

Yolanda, junto a los padres de Rogelio y Carmelita y otros familiares, habían llegado al lugar del accidente, pues nadie les había dado razón sobre el paradero de Rogelio y Carmelita.

El caos que se vivía en el Río Virilla era inexplicable. Los familiares lloraban y lanzaban gritos de desesperación al reconocer a sus seres queridos que se hallaban tendidos y sin vida, junto al Virilla.

Los nombres de los pasajeros rescatados no habían sido dados a sus familiares y eso los llenaba de angustia pues no sabían dónde buscarlos.

En uno de los salones del hospital San Juan de Dios se encontraba Carmelita mirando al vacío. Aquellas paredes blancas y frías reflejaban el alma y las emociones de Carmelita en aquel momento.

Un periodista y un camarógrafo de La Nación se acercaron hacia donde ella se encontraba preguntando:

"Señorita como se encuentra? Recuerda que pasó?" Ella los miró y de su boca no salió palabra, su mente estaba hueca y eso la ayudaba en aquel momento a aminorar su sufrimiento.

De pronto reaccionó dando gritos y levantándose de su cama corrió por los pasadizos del hospital sin poderse controlar.

Cualquiera que hubiera visto a Carmen en aquel momento hubiera pensado que había escapado del Asilo Chapuí.

De pronto recordó a Rogelio y su memoria se devolvió hasta el momento en que había dado el sí en el altar y la tragedia ocurrida en el tren.

"Dónde estás Rogelio, mi amor, dónde estás?" decía Carmelita llorando "No podés estar muerto!! Noooo!! Oh Dios, por favor no lo permitas, dónde está mi esposo? Por favor díganme que no está muerto".

Las enfermeras trataban de sostenerla y no lograban estabilizarla. Un doctor vino con un suero y contra la voluntad de Carmelita, la indujo a su inconsciencia.

Ella sintió que todo daba vuelta a su alrededor y rendida cayó en un profundo sueño sin darse cuenta. En su delirio veía a su amado alejarse de ella, vestido con su traje de novio. Ella lo llamaba desde una montaña lejana pero Rogelio no parecía escucharla.

Por otro lado Rogelio había recobrado el conocimiento y esperaba ser examinado por su doctor. Su familia lo había localizado y todos se encontraban en el hospital, incluyendo a Yolanda.

Yolanda buscaba desesperadamente el nombre de su hermanita amada en las listas que se encontraban adheridas a las paredes del hospital de Alajuela, pero no lograba dar con el paradero de su hermana.

Una radio emisora transmitía las noticias de la tragedia del Virilla y anunciaba los tres días de duelo nacional decretados por el gobierno. Anunciaban también el cierre temporal por estos tres días de cines, bares y otros lugares públicos.

Una noticia muy importante que transmitían las estaciones de radio y publicaban los periódicos era sobre las causas del accidente.

Aparentemente el accidente había sido causado por negligencia del maquinista, pues antes de hacer aquel cambio repentino de velocidad debería haber visto que el último vagón todavía no había pasado la curva.

Se reportaban doscientos cuarenta ocho muertos y entre los nombres se encontraban algunos de los amigos de Rogelio y de Carmelita, que iban con ellos en el vagón.

"Doctor, que puedo hacer para encontrar a mi hermana, parece que se la tragó la tierra, no aparece en la lista de ninguno de los hospitales de Alajuela, Heredia o San José" dijo Yolanda angustiada mirando al doctor que atendía a Rogelio.

"M´ijita, el accidente pasó hoy en la mañana, no todos los cadáveres han sido identificados; muchas personas están gravemente heridas y otros siguen inconscientes, vas a tener que esperar hasta mañana que las cosas se aclaren".

Así transcurrieron las horas y la desesperación de la desaparición de Carmelita oscurecía las mentes de sus familiares, de su hermana Yolanda y principalmente de Rogelio quien ansiosamente preguntaba una y otra vez, si había alguna noticia.

Era alrededor de la media noche cuando Carmelita despertó en su cama y se dió cuenta que se encontraba atada de pies y manos a la misma.

"Enfermera, por favor enfermera, venga, ya recordé quien soy, mi nombre es Carmela Gómez!   Por favor!! No quiero estar amarrada, no estoy loca, suélteme por favor"

Una enfermera que parecía más bien una monjita de caridad se acercó a su cama y suavemente le dijo: "Qué bueno que recordó, pues no hemos podido poner su nombre en las listas y su familia debe estar desesperada por saber de usted".

Carmelita se incorporó en la cama y sosteniendo su cabeza con sus dos manos, como para concentrarse un poco más dijo: "los últimos recuerdos que tengo son del tren que iba para Cartago, yo iba con mi esposo, nos dirigíamos a Cartago y…..y….." Carmelita no pudo continuar y comenzó a llorar desconsoladamente.

La monjita tomó su mano y la trató de calmar "Hijita todo va a estar bien, estoy segura que tu esposo está bien. Tenían niños ustedes?"

Carmelita la miró con ojos de confusión y dijo inmediatamente "no sé, no me acuerdo si tenemos hijos o cuantos años llevamos casados".

De pronto como si alguien le hubiera insertado información en su cerebro dijo lanzando un grito "Ya sé, ya sé…. no, no tengo hijos, me casé el día anterior al accidente, mi novio, digo mi esposo se llama Rogelio, se llama Rogelio… Salazar... Sí, así se llama, ya recordé. Tenemos que encontrarlo! por favor ayúdeme, usted puede hacerlo!"

La monjita la miró con gran compasión al mismo tiempo que respondía: "Te prometo que en cuanto amanezca voy a averiguar sobre el paradero de tu marido y lo encontraremos, te lo prometo. Lo que no te puedo prometer es si lo hallaremos vivo o muerto".

Eran alrededor de las dos de la tarde cuando la radio transmitía la lista nueva de los sobrevivientes del accidente. Rogelio y su familia después de buscar a Carmelita por cielo y tierra, recibían con gran alegría la noticia que Carmelita se encontraba en el hospital San Juan de Dios.

Todavía no podían creerlo cuando el nombre de Carmelita Gómez había sido nombrado por un locutor de Radio City.

Tardaron alrededor de seis horas para traer a Carmelita hasta donde se encontraba Rogelio.

Cuando la localizaron, los padres de él salieron inmediatamente hacia San José y aquella misma tarde la trajeron junto a su esposo.

Cuando ambos se vieron no podían hablar por la emoción al saberse vivos y que su vida continuaría como la habían planeado.

La escena del encuentro de la pareja fue tan emotiva, que muchos doctores y enfermeras del hospital de Alajuela se reunieron en el salón donde se encontraba Rogelio, aún con vendas en su cabeza, para aplaudir ante el milagro de vida de ambos.

Se abrazaban junto con sus familiares, quienes poco a poco se acercaban a ellos para saludarlos. Rogelio y Carmelita, emocionados, lloraban de felicidad con sus seres queridos, todavía impactados por aquellas escenas de terror que habían sido parte y que por siempre serían parte de sus vidas.

Un año más tarde…

Dos vasos de vino tinto y unas uvas verdes se encontraban sobre la mesita rústica hecha de pino que se encontraba en la salita de aquella romántica cabañita del tío de Rogelio.

"Carmelita, cuando nazca nuestro hijo o hija vamos a volver a este lugar, ya tenés seis meses de embarazo, falta poquito para que podamos verle su carita" dijo Rogelio con gran ternura.

"Rogelio, mi vida, me pregunto si algún día dejaremos atrás esas memorias horribles que están grabadas en mi mente sobre el accidente" dijo Carmelita pensativa.

Rogelio tomó su mano cariñosamente y puso el dedo índice sobre los labios de su mujer "mi amor, ese mal recuerdo no saldrá de nuestra vida ni aun cuando seamos ancianos pero hoy estamos aquí en nuestra luna de miel, trata de pasarla bien y olvidar lo inolvidable. Te amo y quiero hacerte muy feliz, ven, vamos al corredor, hay una luna bellísima"

Carmelita tomó de su mano a Rogelio y se dejó guiar hasta el corredor y ahí bajo la luz de la luna, se dieron un beso tan apasionado que hasta los pajaritos que se encontraban en los nidos y la misma tierra vibraron de emoción al ver a aquel par de enamorados acariciarse y besarse ante la luna como su único testigo.

Las siluetas de ambos se confundían entre los arbustos sembrados en las cercanías de la cabaña, mientras ellos se besaban apasionadamente, dejando atrás la tragedia del Virilla. Un par de ardillas que los observaban desde un tronco se sentían celosas al verlos embriagarse en aquel amor que duraría hasta que la muerte los separara algún día.

8

San José Costa Rica - 1968

Esta historia toma lugar en San José, Costa Rica en los años sesentas.

El famoso Azulito era un pobre mendigo que deambulaba por las calles de San José en aquellas épocas, sus colochos sucios y malolientes se mezclaban con el aserrín que recogía diariamente para hacerse su almohada y dormir en el Parque Central.

Su trompeta, los periódicos de New Jersey que hablaron de él en sus buenos tiempos, formaban parte de sus recuerdos más íntimos.

El personaje de Azulito fue muy famoso en los años sesentas allá por los barrios del Sur y el Barrio de La Dolorosa, sin embargo la historia que aquí se narra es enteramente imaginación de la autora.

Azulito

Los recuerdos golpeaban la mente de Hernán Cabrera. Las cartas escritas a su madre en el pasado eran su mayor tesoro, en aquel momento, en el que las memorias golpeaban su mente segundo a segundo, al tiempo que las agujas marcaban los segundos, en aquel reloj viejo y desteñido de pared.

Poco quedaba de su pasado que lo hiciera sentirse orgulloso, poco quedaba de sus buenos recuerdos junto a la mujer que había amado, poco quedaba de su vida en este mundo terrenal….

New Orleans, 14 de agosto, 1942

"Querida mamá: Tengo varias semanas de no escribirte, he estado un poco ocupado con los ensayos del grupo y también yendo a las clases para aprender inglés.

Ya me dí cuenta que si no aprendo inglés en este país, nunca voy a avanzar. Vos sabés que mi sueño es progresar en Estados Unidos y luego irme para Costa Rica y formar mi grupo allá.

Me acordé hasta hoy que mañana es el Día de la Madre, allá en Costa Rica y hoy en la mañana te puse en el correo cuarenta dólares para que te podás comprar la cocina eléctrica que has deseado por años.

No me decís en tu última carta cómo seguiste del reuma y de tus rodillas. Mamá, mi sueño es que te puedan operar tus rodillas pues no quiero que te caigás en medio de la calle, como pasó el otro día.

Voy a tratar de escribirte por semana porque sé que te preocupás mucho, cuando no lo hago. Ya terminé mis estudios equivalentes al bachillerato de Costa Rica y lo hice con buenas calificaciones.

Siempre vivo en casa de Róger pero parece que va a vender la casa, a fines de año y tendré que pasarme a un apartamento pequeño, que me quede cerca del Thompson's Bar pues ahí es donde trabajo por las noches y donde recibo buenas propinas.

Mamá ya sabés que en cuanto reúna algunos ahorros regresaré a Costa Rica y sé que vas a ser muy feliz cuando nos podamos abrazar otra vez.

Te quiere mucho tu hijo, Hernán.

Hernán Cabrera cerró su carta mojándola con sus labios y se sirvió un trago del aguardiente que él mismo clandestinamente se había preparado y miró por la ventana como pensativo.

"Cuándo será el día que vuelva a Costa Rica, me preocupa mi mamá" se decía a sí mismo, mientras empinaba una y otra vez la botella.

Miró un reloj de pared que estaba cerca de la ventana y se dió cuenta que en pocos minutos, tendría que irse a trabajar; eran casi las ocho de la noche y vivía como a tres cuadras de distancia de su trabajo.

Hoy Hernán recordaba cómo había llegado a vivir a los Estados Unidos y al principio compartía los gastos de la casa con Róger Clark, quien era un misionero protestante que había estado en Costa Rica, por un período de cuatro años, como leader de los evangélicos en Siquirres.

Róger, era de New York, donde se había dedicado, por mucho tiempo, a tocar el piano en bares baratos de esta ciudad, hasta que un día decidió irse a Costa Rica con su mujer y su hija. Alguien le había hablado del evangelio y había decidido convertirse en un predicador de la palabra de Dios. Así, se habían conocido pues Hernán y su madre eran evangélicos.

Hoy Hernán recordaba como Róger, al fin, lo había convencido de irse a vivir a New Jersey para poder ayudar a su madre, a salir de la pobreza.

"Vámonos Hernán, desde allá, ganando en dólares, podés ayudar a tu mamá a salir de esa miseria en la que hoy se encuentra. Aquí no sos más que un jumas que duerme en los parques, la mayoría de las veces. Allá, en New Orleans, podemos formar un grupo jazz cristiano, vos con tu trompeta y yo al piano, qué decís? Nos vamos?"

Hernán encendió el último cigarillo que le quedaba en su bolsillo y respondió, al mismo tiempo que exhalaba el humo "No sé, dejáme pensarlo, es dejar esta vida e irme allá, donde sólo te conozco a vos, aquí aunque gano poco, al menos, estoy al pendiente de mi mamá".

"No te preocupés, vos sabés que doña Lupe será más feliz ,si te hacés un hombre de bien y te venís conmigo. Podés trabajar para mi iglesia allá y así, podés comprarle la casita con que sueña. Así, la pobre no tendrá que andar por las calles, con esa bandeja tan pesada, en que lleva las empanadas de piña y no tendrá que levantarse tan temprano. Vamos hombre!! Animáte! Vas a ver que nos va a ir bien".

"No sé, dejáme pensarlo y consultarlo con mi almohada y te aviso en estos días. Cuándo pensás irte vos?" respondió Hernán, dudando de lo que Róger decía.

"OK! pues pensálo hombre pero después, no digás que no te quise sacar de la miseria", contestó Róger Clark, a la vez que lanzaba una estruendosa carcajada y dejaba ver sus dientes parejos y blancos, como la nieve, que se asomaban a través de sus gruesos labios.

Clark, era tan negro como la noche más oscura, en las playas de Limón. Había viajado a Costa Rica en un barco y había vivido en Siquirres con su esposa hasta que ésta, harta de vivir dedicada al evangelio, se había ido con su hija y con un mulato que llegó a las costas de Limón, en un barco pesquero.

Róger Clark había quedado desolado y humildemente se sentaba por las tardes, en uno de las bancas del parque central de Siquirres, a tocar su dulzaina melancólicamente, mientras leía la Biblia y atraía miembros a su iglesia. Todos en Siquirres lo conocían como Mr. Clark.

Había conocido a la mamá de Hernán, una vez que anunciara una campaña de sanidad en la Provincia de Limón, la cual había tomado lugar, en uno de los Parques más grandes de Siquirres.

Mucha gente había acudido a su llamado, con diferentes dolencias. Entre ellos había ido Lupe, la madre de Hernán para sanarse del reuma y de sus rodillas que casi no le permitían caminar.

Habían hecho una gran amistad y Lupe contribuía, con la Iglesia Evangélica de Siquirres, con sus empanadas para que pudieran venderlas a los miembros y el dinero lo usaran para juntar el salario del pastor.

Hernán, por su lado, ayudaba a Roger en el servicio dominical de su iglesia, tocando algún instrumento musical. Cierto día, cuando se encontraba tocando en un servicio dominical, se acercó un hombre muy bien vestido y lo saludó muy gentilmente.

"Hombre!! Te felicito, sos un artista con la armónica, le ponés sabor a los cantos. Tengo un bar, aquí cerca y talvez te gustaría ganar unos cuantos dólares extra, tocando los fines de semana!!"

Hernán lo miró asombrado y después de agradecer sus palabras, tomó en sus manos la tarjeta de negocios que aquel hombre le entregaba y dijo a la vez: "Gracias por su oferta de trabajo, lo llamo en estos días. Claro que me gustaría trabajar para usted".

Inmediatamente, sin dejar que el hombre hiciera algún comentario, agregó: "Cuándo empezaría a trabajar?"

"Cuando querás. Este mismo fin de semana que empieza mañana" contestó el hombre quien vestía ropas elegantes y caras y usaba joyería fina.

"Perfecto, me parece muy bien. Mañana en la tarde estaré en su negocio y hablaremos de los últimos detalles para poder comenzar a trabajar, este mismo sábado" dijo Hernán, al tiempo que le daba un fuerte apretón de manos, al que en pocos días, sería su jefe.

Cuando le habló de este posible trabajo a su madre, ésta le dijo que ese hombre tenía fama de narcotraficante y que a ella no le parecía que trabajara en ese bar.

Aquí fue, donde su mamá le aconsejó que se fuera con Roger para los Estados Unidos y así podría ayudarla a ella, a estar tranquila.

"Mirá Róger, anoche hablé con mamá y ella quiere que me vaya con vos. Hay un hombre nuevo en el pueblo que me está ofreciendo trabajo, pero mamá dice que no tiene buena fama"

Róger, lo miró feliz al mismo tiempo que le palmeaba la espalda diciendo: "Claro! Si te lo vengo diciendo desde hace tiempo, tu lugar está en Estados Unidos y si te venís conmigo pues tus finanzas cambiarán y podrás ayudar a tu mamá".

Una semana más tarde, Roger y Hernán, tomaban el avión en el aeropuerto de La Sabana. Su madre, aunque con lágrimas en los ojos, lo dejaba ir, disimulando su tristeza.

Ella sabía que en Siquirres, su hijo no tenía futuro. En cambio, en Estados Unidos, su vida sería distinta y la podría ayudar a ella a trabajar menos, pues sus rodillas cada día estaban peor.

Roger y Hernán, al llegar, alquilaron un apartamento pequeño, donde tenían lo absolutamente necesario para vivir.

Aquella misma noche, después de desempacar, Hernán le escribió una carta a Lupe para darle las buenas noticias.

"Querida mamá,
Te escribo porque no quiero que estés preocupada, llegamos muy bien y creo que triunfaré en este país".....

Las cartas semanales de Hernán para su madre llevaban siempre buenas noticias.

"Querida mamá,
Como te lo he dicho, mis planes no son quedarme a vivir aquí; quiero ahorrar ese dinerito para poderte pagar esa operación tan necesaria para que podás caminar bien".....

Habían pasado seis meses, desde que Hernán se hubiera ido a vivir a los Estados Unidos, cuando un día recibió una jugosa oferta de trabajo.

Como siempre lo hacía, tomó lápiz y papel y se sentó a escribirle a su madre, en el pequeño escritorio que tenían en el apartamento.

"Querida mamá:
Hoy me entrevisté con un señor muy elegante que vino a verme tocar en la iglesia de Róger. Me dió un trabajo en su negocio. Creo, que me va a pagar muy bien y mi vida cambiará y por supuesto la tuya también.
Un abrazo y un beso, querida mamá y escribíme seguido, porque cuando no lo hacés me preocupo por vos.
Tu hijo,
Hernán"

Tres años más tarde....

El tiempo transcurría y Hernán trabajaba para su meta de volver a Costa Rica y poder darle a su mamá una vida más fácil para ella, operarle sus rodillas, las cuales conforme pasaba el tiempo, empeoraban.

El doctor que veía a Lupe le había dicho que en poco tiempo, quizás, no iba a poder caminar y que era muy peligroso para ella caerse y quebrarse algún hueso, cuando sus rodillas le fallaran.

Ya Hernán llevaba tres años trabajando en Estados Unidos y su carrera musical triunfaba a pasos vertiginosos.

Un agente había hasta hablado de grabar un disco de Jazz, en el cual Hernán, tocaría la trompeta.

Otro productor de cine le había hablado para que participara en el tema de una película que estaba por estrenarse, en uno de los cines más importantes de los Estados Unidos.

Ya Hernán no trabajaba para la iglesia de Róger pues con sus jugosos contratos se había ido a vivir a otra ciudad.

Hernán había progresado económicamente y todos los meses le enviaba a su mamá una suma que le permitía vivir cómodamente, sin necesidad de trabajar.

El trabajo que aquel hombre le había ofrecido, era en uno de los hoteles más lujosos de New Jersey.

Cierto día, cuando salía de tocar en una de sus presentaciones, se encontró una joven muchacha llorando fuera del hotel.

Hernán inmediatamente se acercó a ella y le dijo "Qué te pasa muchacha? Necesitás ayuda? Por qué llorás así?"

Lizette Robins miró a Hernán y continuó sollozando, sin decir nada. Era una mujer, de alrededor de unos veinticinco años, muy bien vestida, con una estola blanca cubriendo su espalda y hombros.

Su vestido, color turquesa pálido, hacía juego con sus zapatos y cartera blancos. Vestía un traje de fiesta sin tirantes que dejaba ver parte de su espalda y tenía un profundo escote en el frente, el cual enseñaba parte de sus bien formados, pechos.

"Decíme, cómo puedo ayudarte? Si necesitás que te lleve a algún lado, encantado de la vida lo hago" Volvió a repetir Hernán, en un inglés mal hablado y con mucho acento.

Ella lo miró y al fin contestó "No es nada, no se preocupe, acabo de tener una discusión con el que hasta hoy fue mi esposo y no quise irme en su auto. Ya estoy esperando, el taxi que me llevará a mi casa" dijo Lizette despreocupadamente y un poco más tranquila.

"Qué hombre más tonto no apreciar lo que tiene. Cómo se le ocurre, pelearse con una mujer tan bella como vos?" continuó diciendo Hernán, tratando de obtener una sonrisa por parte de Lizette.

Ella lo miró y Hernán se pudo dar cuenta, al ver aquellos ojos tristes y enlagrimados que Lizette sufría mucho pero él no sabía por qué?.

"Vení vamos al hotel, te voy a invitar a que te tomés un café conmigo. Olvidáte del taxi, yo te llevaré a tu casa más tarde" dijo Hernán, en un inglés que no se entendía muy bien.

Sentados a la mesa, trataban de hacerse entender uno al otro pero la barrera del lenguaje, no los dejaba comunicarse, como ellos querían hacerlo.

Después de unas cuatro horas de estar hablando en el hotel, Hernán llevó a Lizette a su casa y prometió llamarla al día siguiente.

Así fue transcurriendo el tiempo y Hernán, a los cuatro meses de tener una linda amistad con aquella muchacha que él había encontrado destrozada emocionalmente, le preguntó si le gustaría ser su novia.

Lizette lo miró y respondió a la propuesta con otra pregunta: "Te casarías conmigo, sabiendo que estoy enamorada y embarazada de otro hombre?"

Hernán sorprendido por aquella pregunta, se quedó mudo y absorto pues no sabía qué contestar.

Entonces era eso. Ella estaba enamorada de aquel maldito cobarde que la había abandonado embarazada y a él solo lo quería, como su amigo y nada más.

Para sorpresa de Lizette, Hernán respondió "Si vos querés, puedo ayudarte a olvidar a esa persona que no te supo amar y en cuanto a tu hijo, tendrá todo el amor, como si yo fuera su verdadero padre. Entonces, la respuesta es sí".

Lizette se abrazó a Hernán llorando y juntos caminaron hacia su casa. "Nos casaremos cuanto antes, estoy deseando amarte y hacerte olvidar tu triste pasado" agregó Hernán rápidamente.

"No, espera. Casarnos? No podemos, yo soy casada. Me casé hace seis meses con el padre de mi hijo. No puedo divorciarme, sin saber su paradero. Yo te lo dije aquella noche cuando me encontraste frente al hotel, recordás?"

Hernán la miró tiernamente al tiempo que le decía "Sí, ahora que me lo recordás. Me lo dijiste, pero qué importa? El matrimonio es un papel que se firma en una corte o en una iglesia, pero el nuestro no será así.

Hoy, cuando la luna brille en el firmamento, te voy a llevar a la playa y ahí vamos a prometernos el uno al otro que siempre estaremos juntos. Te parece?"

Lizette sonrió y dejó que Hernán besara sus labios carnosos y sensuales. El bebé nació cinco meses después de aquella conversación. Hernán trabajaba de día y de noche para que a su mujer y a su hijo, no le faltara nada.

Aún no había podido darle el apellido a William, porque Lizette no estaba divorciada y el pequeño tendría que llevar el apellido de ella.

El calendario de la vida gastó cuatro almanaques y aunque Lizette era un poco seca y fría con Hernán, él la amaba con locura y también a William, quien era un niño fuerte y muy inteligente.

Hernán seguía prosperando y su música se escuchaba en la radio; sus discos se vendían en cantidades industriales pues además de trabajar para el hotel, también hacían giras y presentaciones en diferentes teatros de los Estados Unidos.

Hernán, siempre fiel a las cartas de su madre, le enviaba fotografías de William y de Lizette y ya le había comprado su casita allá en Siquirres, cerca de sus amigas.

También, le había prometido a su madre que la visitaría en diciembre y que la traería a Estados Unidos para que pasara una temporada con ellos.

Sólo habían dos cosas que entristecían el corazón de Hernán Cabrera y que él no podía solucionar. Una, era el saber que Lizette no lo amaba y que por las noches la oía llorar, cuando ella lo creía dormido y la escuchaba decir entre sollozos, el nombre de aquel hombre que la había abandonado.

La segunda cosa que entristecía a Hernán, era encontrarse alejado de su madre; ella cada día estaba peor de las rodillas y no podía ser operada porque padecía de presión alta. Hacerle una cirugía, decía el doctor, era muy riesgoso a su avanzada edad.

Hernán, muchísimas veces se sentía agotado mentalmente pues no sabía si había hecho lo correcto, al unir su vida a una mujer que no lo amaba.

Cierto día, se sintió mal. Algo había comido en el desayuno y lo había hecho vomitar varias veces.

"Mirá Rudolph, no me siento bien hoy, me voy a casa temprano" había dicho Hernán a su amigo y jefe, Rudolph Mathews, quien le palmeó la espalda mientras le decía "No te preocupés hombre, tomáte el resto del día. Yo buscaré alguien que venga a tocar, eso es lo que sobra".

Hernán sonrió y se fue a su casa con la tranquilidad de saber que si algún día decidía regresar a Costa Rica, pues podría ser suplantado fácilmente, en el hotel, donde tocaba desde hacía tanto tiempo.

Parqueó su auto nuevo y se dirigió a su casa, pensando que dormiría plácidamente por varias horas y eso lo ayudaría a reponerse.

Cuando abrió la puerta no podía creer lo que sus ojos vieron. El cuadro era impactante y Hernán quedó paralizado, sin saber qué hacer, ni que decir.

Su mujer, Lizette, aquella mujer a la cual él le había dado tanto, se encontraba en el sofá completamente desnuda y abrazada a un hombre que él jamás había visto antes.

Eran aproximadamente las dos de la tarde y William se encontraba en la escuela a aquellas horas.

Cuando Lizette se dio cuenta que Hernán se encontraba en la puerta, trató de cubrirse con el mantel de la mesa del comedor y aquel hombre que estaba sentado con ella en la sala, se paró de inmediato y como alma que lleva el diablo, salió por la puerta abrochándose sus pantalones y subiéndose el zipper de la jareta.

Hernán no pudo reaccionar en el momento, "Dejá que te explique Hernán" decía Lizette llorando, mientras corría al dormitorio para cubrir su cuerpo con una bata.

Él, no dijo nada, simplemente, se dirigió al cuarto y empacó una maleta mediana, con lo necesario.

"Nooo, por favor Hernán, no me abandonés. Hoy me dí cuenta que ya no lo amo, a quien amo es a vos. Entendélo, por favor no me abandonés!! No lo soportaría".

Hernán la oía pero no la escuchaba. No pensó en William en aquel momento, no tenía cabeza para pensar en que sería de él, sin un padre a su lado.

"Déjame explicarte, pensé que todavía lo amaba pero hoy me dí cuenta que a quien amo es a vos, te lo repito, lo que viste hoy, no es lo que te imaginás. John quería ver a William y por eso vino. Me convenció que le probara que ya no lo amo a él. Te amo a vos, Hernán. Creéme, por favor, no te vayás".

Hernán salió de la casa y sin decir palabra, cogió su auto y se fué para el aeropuerto. El avión que lo llevaría a Costa Rica saldría en unas cuantas horas. Tenía tiempo de comprar el boleto, al llegar al aeropuerto.

No quería pensar, no quería hablar, no quería creerle a Lizette, no quería creerse a sí mismo.

El avión partió a las doce y media de la noche y llegó a Costa Rica alrededor de las diez de la mañana. Cuán diferente estaba todo. Habían pasado, casi, siete años desde la última vez que él había estado ahí.

Lizette y William habían quedado atrás. "William, mi William, qué va a pensar de su padre que lo abandonó sin explicarle lo que había ocurrido"

Era mejor, así pensaba Hernán para sus adentros, su vida en New York ya no tenía sentido. Le dolía dejar su vida entera allá y quizás algún día volvería, cuando su corazón sanara; pero, por el momento, quería ver a su madre y estar cerca de ella.

Ella no sabía de su llegada a Costa Rica. Nadie lo sospechaba, ni siquiera sus amigos de la infancia.

Aquel día fue a un hotel y después de tomar un buen baño de agua fría, se dirigió a la estación de trenes para comprar su tiquete que al día siguiente lo llevaría a Siquirres, su pueblo natal.

Nuevamente se encontraría con su pasado, con aquel pasado lindo, cuando de chiquillo encumbraba los papalotes en la plaza e iba a la iglesia de la mano de su madre, mientras se comía un delicioso granizado con leche condensada en el parque.

Cuántos recuerdos!! A sus oídos, todavía llegaban los gritos de los chiquillos, en la plaza de la escuela, jugando mejengas los domingos.

¿Diay qué mae? ¿Pura vida?					Sonia B. F. Arias

Muy de mañanita se levantó y se dirigió a las estación del tren, paró en un almacén para comprarle a su mamá, algunas golosinas que sabía que a ella le gustaban.

Cuando el tren hizo su parada en Siquirres, Hernán tomó su maleta y bajó apresuradamente, traía una caja de cartón en su mano y con paso apresurado se dirigió a la casa de Lupe.

Muchos vecinos lo saludaron en el camino. Hernán notó que lo miraban extrañados, como si quisieran hablarle y no se atrevían o como si estuvieran viendo a un fantasma.

"Dios oyó mis oraciones, muchacho!! Qué bueno que llegaste a tiempo!" dijo Gerardina una vieja amiga de su madre, quien era la dueña del restaurante de la esquina de su casa. "Pensamos que no ibas a recibir el telegrama a tiempo".

A Hernán le dió una vuelta el corazón "Cuál telegrama? Yo no he recibido nada, qué pasó doña Gerardina? Dígame pronto qué pasó"

"Ay Hernancito! No puedo creer que esto sea una casualidad" dijo Gerardina espantada al ver a Hernán totalmente ajeno a lo que había ocurrido.

"Ayer en la tarde, un carro atropelló a tu mamá, la llevaron al hospital pero no pudieron salvarla" agregó Gerardina con voz entrecortada.

Hernán palideció y se desbalanceó, pensando que caería al suelo "No puede ser, cómo? Acaso mi mamá está muerta? Mi mamá está muerta dime, está muerta?"

La hija de Gerardina, quien se hallaba a la puerta de su casa escuchando la conversación, le trajo un vaso de agua y corrió hacia adentro asustada.

Gerardina lo invitó a pasar pero Hernán no aceptó y sólo dijo "Dónde la tienen? Dónde la han llevado?".

Gerardina lo miró tristemente y respondió "Hijo, la tienen en la Funeraria Central en Limón, tu tío Felix pagó por los gastos porque no tuvieron tiempo de nada. Hoy a las cuatro es el entierro en la Iglesia Parroquial de Limón".

Luego, sin esperar respuesta de Hernán, dijo seguidamente "Te acompaño, yo vine a traer un paraguas porque va a llover fuerte a la hora del entierro. Vamos, ya ahorita pasa el bus".

Mirando a Hernán que traía una gran caja de cartón en sus manos, prosiguió diciendo: "Hijo, dejá la caja guardada aquí, también tu maleta. Yo dejo el dormitorio con llave, para que no estés preocupado".

Gerardina era muy amiga de Lupe y Hernán lo sabía. Él había jugado con sus hijos, desde que se acordaba que existía. La veía más que como amiga, como una tía, a la cual le tenía mucho aprecio.

Hernán entró en la casa de Gerardina como un autómata y dejó en el dormitorio, aquella caja con todas las golosinas, algunos vestidos y muchas otras cosas que le había comprado a su madre.

Miró aquel vestido azul de seda que le había comprado a Lupe, para que lo luciera aquella noche, cuando él la pensaba llevar a cenar a un buen lugar.

Ya no lo usaría. Jamás se lo pondría, para sentirse orgullosa de su hijo que había regresado de los Estados Unidos a quedarse con ella, al menos, por un largo tiempo.

Miró su billetera, la cual estaba cargada de billetes que no tenía sentido tener. No había en su alma, una ilusión sentimental o de ningún tipo, su madre muerta y su Lizette, aquella mujer que tanto había amado, ya no estaba ni estaría jamás con él.

William? Qué sería de él? Les traspasaría la casa que con tanta ilusión había comprado un día. Sí, eso haría, para que no pasaran necesidades financieras.

Todo estaba muerto dentro de él. Quizás, Hernán no se encontraba en un ataúd de madera, como su madre pero se hallaba en un ataúd construído con las lágrimas que había derramado durante el viaje y continuaba derramando, desde que se había enterado del fallecimiento de su madre, aquel día.

Atontado aún por la noticia, se fué con Gerardina para la funeraria. Al verlo entrar, todos se sorprendieron. Los abrazos, las palabras de pésame, las demostraciones de cariño, no le llegaban a su corazón.

Hernán se sentía un hombre sin alma que había muerto y había quedado en su cuerpo, únicamente penando en esta vida.

2 meses más tarde...

Hernán no pudo quedarse en Siquirres, todos los rincones de aquel lugar le recordaban su infancia al lado de su madre, de quien no había podido despedirse.

Fue al cementerio, estuvo arrodillado en el lugar por varios minutos. Puso unas rosas amarillas en cada uno de los jarrones que se encontraban en la bóveda y tomando su maleta, con pocas prendas y artículos de primera necesidad, Hernán Cabrera se trasladó a vivir a San José.

Quería olvidar todos los malos recuerdos que le traía Siquirres. Cada vez que se encontraba con alguien en el pueblo, le daban el pésame y él no soportaba el dolor que aquellos encuentros, le causaban.

Por ese motivo, cierto día tomó la decisión y hoy se iba con su maleta, para jamás regresar, al dolor de encontrarse sólo en la vida.

Cuando estaba empacando, entre sus ropas encontró aquel vestido azul que traía para su mamá y lo extendió en la cama. Lloró largo rato sobre el traje y luego tomando unas tijeras filosas, lo cortó en tiras pequeñas que guardó cuidadosamente en una bolsa junto a una foto de su madre.

Besó la foto y sollozando por su miseria, cerró la maleta y se fué a la estación del tren.

Hernán alquiló una casita modesta, allá por el Barrio la Dolorosa y vivió en ella por cinco años, después de la muerte de su madre.

Pagando la renta, comiendo sus tres comidas diarias y tratando de ahogar sus penas, en el alcohol que consumía en un bar cualquiera de San José, Hernán gastó los ahorros que traía de New Jersey. La depresión severa que sufrió, no le permitió volver a tomar su carrera como músico.

En los años sesentas y setentas, viejo, deprimido y sin ganas de vivir, deseándo que la muerte llegara a su vida, se le veía deambular, por las calles sin rumbo, vestido con el último traje de casimir que quedaba en su maleta.

Su morada eran las calles, su almohada hecha de colochos de aserrín que tomó, un día, de un aserradero cualquiera, la cual le permitía descansar su cabeza, llena de cabellos enmarañados y malolientes por la falta de higiene.

Las personas se acostumbraron a mirarlo transitar por las calles principales de San José, cargando un saco de gangoche, donde guardaba sus cobijas harapientas.

Su trompeta, aquella trompeta que lo acompañó por tantos años, quedó olvidada en el Hotel de New Jersey, donde hoy, ya no se escucha su música.

Su casa, su hermosa casa que comprara para complacer a su mujer, también quedó sepultada en sus recuerdos..... Aquella casa, que jamás pisarían sus pies, nuevamente.

Muchos, lo llamaban Azulito, porque todos los días sacaba sus trapitos de seda azul de una vieja bolsa plástica.

Los trapitos, de lo quedaba del vestido de seda azul que le llevaba a su madre, para estrenarlo el día que del brazo de su hijo, caminaría orgullosa, para ir a cenar a un restaurante de lujo.

Azulito ya no tiene un hogar fijo. Un día duerme bajo un puente, otro en la banca de un parque, otro en un callejón sin salida, dependiendo donde lo tome la noche.

Así vivirá, hasta que un día sea llamado a atravesar el umbral de luz, donde podrá tomar la mano de su madre que lo guiará a un mundo desconocido para él pero donde su larga y triste agonía, se detendrá para siempre.

9

Playas del Coco – Diciembre 2009

Amor de Temporada, está basada en hechos reales. Los nombres y lugares han sido cambiados para proteger a las personas que vivieron esta experiencia.

El amor es algo bello, frágil y espontáneo, el cual echa raíces en el corazón de un ser humano sin que nada lo pueda impedir.

Hay amores que permanecen para toda la vida, otros, son semillas mal sembradas que se las lleva el viento.

El amor que permanece es el que da buenos frutos y nunca termina mientras la vida existe.

Esa clase de amor que no se rompe porque es indestructible. Ese tipo de amor que no se gasta porque se alimenta día a día, un amor que no se corrompe al pasar de los años porque es verdadero amor.

Esperen que se los cuente....

Amor de Temporada

La voz de Ruperto Montoya, se escuchaba en la cantina "Amanecimos Aquí", un nombre muy peculiar, por cierto, para un negocio de ese tipo, el cual estaba localizado en las Playas del Coco, donde aquella noche habían varios hombres y mujeres, quienes con cervezas en mano, trompetas, sombrerillos y serpentinas de colores, celebraban la despedida del año de 2008, dando nacimiento al nuevo 2009.

"Yo no olvido el año viejo porque me ha dejado cosas muy buenas...." ...."*Me dejó una chiva, una burra negra, una yegua blanca y una buena suegra...."*

La gente le hacía coro a Ruperto y aplaudiendo entusiasmados, le decían adiós a los problemas vividos durante aquel año, a los amores fallidos, al dinero mal gastado y con sus fuerzas renovadas, le daban la bienvenida entusiasmados, a todo lo que traería el año que estaba por llegar.

Lejos de aquel ruido ensordecedor, de tantas voces que querían enterrar su pasado aquella noche, una pareja discutía en Santo Domingo de Heredia, ajena a lo que sucedía en las hermosas Playas del Coco al acercarse la medianoche.

"Entendéme Jorge, me tomaste por sorpresa con tu petición. No sé si estoy preparada para dar un paso así. Tengo metas y prioridades en mi vida que no incluyen casarme con vos en este momento. Vos sabés que te amo, pero tengo planes que quiero llevar a cabo primero y luego pensaremos en casarnos"

Jorge Santos miraba a su novia sin poder creer lo que estaba escuchando de los labios de aquella mujer, a la cual amaba con locura y deseaba hacer suya de una manera limpia y respetuosa.

Tenían siete años de ser novios y prácticamente, desde niños, el amor había surgido entre ellos cuando cursaban la secundaria.

Hoy, ambos tenían veinticuatro y en este año, él se graduaría de contador público. Al mismo tiempo, Teodora, por su lado, terminaría la práctica de enfermería en el Hospital de Heredia.

"Lo que pasa es, que simplemente vos, no estás segura de amarme. Por qué no me lo decís sinceramente y te dejás de excusas, Teodora?" dijo Jorge con voz disgustada, mientras las bombetas y los relojes anunciaban que empezaba un nuevo año en aquel momento.

Aquella noche no habían salido a celebrar con sus amigos, como era su costumbre cuando llegaba el 31 de Diciembre. Teodora no había querido ir a ninguna parte pues quería hablar con Jorge a solas. Tampoco se habían besado ni abrazado al escuchar las doce bombetas y las campanadas de la iglesia.

"Entendéme Jorge, no es eso. Antes de casarme con vos, quiero graduarme de enfermera, tener un trabajo estable, además…"

Jorge la miró sorprendido "además qué? Decíme, además qué? Qué era lo que ibas a decir?"

Tomando fuerzas sin importarle lo que sucediera en aquel momento, Teodora continuó, "Además yo no he tratado a ningún otro muchacho que no seas vos. No sé si lo que siento es verdadero amor, podría ser que sí pero no estoy segura. Quiero mi libertad, Jorge, quiero salir con amigas, divertirme, conocer nuevos amigos, entendé que desde los dieciséis años estoy con vos y no sé sinceramente, si sos el amor de mi vida." dijo Teodora ateniéndose a las consecuencias de lo que sucediera en aquel momento.

Al oír aquellas palabras, Jorge se levantó del sillón, donde se encontraba, al lado de aquella mujer a la cual amaba con locura y no quería dejar ir, pero no insistió. Su orgullo se anteponía al amor que pudiera sentir por Teodora y no estaba dispuesto a que su dignidad fuera pisoteada.

"Está bien Teo, como vos decidás, yo no te voy a rogar, sabés muy bien que jamás trataría de retenerte a mi lado por saciar mi ego o por querer controlarte. Sólo te pido que lo pensés y aquí estaré yo esperando tu respuesta definitiva" dijo Jorge con su corazón sangrando de dolor pero disimulándolo muy bien para que ella no se percatara.

"Sólo te pido dos cosas" respondió Teodora suavemente "quiero tener mi espacio, estar sola por algunos meses, darme cuenta que te amo realmente y que quiero estar con vos para toda la vida. No quiero que me invadás con llamadas telefónicas ni visitas. Yo te contactaré, si es que estás dispuesto a darme el tiempo que te estoy pidiendo. Quiero dejar algo claro. Estoy terminando mi relación con vos. Si encontrás a alguien más durante este tiempo, sentíte libre de enamorarte. Si me doy cuenta que mi amor por vos es verdadero y vos ya conociste a alguien más, pues yo me atendré a mis consecuencias" agregó Teodora con voz firme.

Se despidieron en la puerta de la casa de Teodora, aquel primer día del año, sin un beso, sin un abrazo y sin una caricia. Cuando Teodora entró a su casa, se fue directamente a su dormitorio.

No había nadie en su casa aquella noche de año nuevo, su hermana menor, Clotilde, se había ido a Playas del Coco y ahí pasaría los meses de verano con sus tíos, Joaquín y Hortensia.

Sus padres se encontraban en la finca de Orotina. Teodora lo pensó bien, aquella misma semana se reuniría con su hermana en casa de sus tíos, para alejarse de los lugares que a partir de aquel momento le iba a doler visitar.

Había dejado libre, al que hasta aquel día, ella consideraba el amor de su vida. Sin embargo, no estaba segura si quería casarse con él, siendo el único novio que había tenido.

Todo lo que conocía sobre el amor, lo había aprendido con Jorge, ambos habían aprendido a besarse, a acariciarse y a experimentar momentos inolvidables, el uno al lado del otro. No era justo para Jorge casarse con la única mujer que le había hecho vibrar su corazón. Ella tenía que estar segura que él también la amaba y que la amaría para siempre.

Tres días más tarde, cuando Clotilde se encontraba en la cocina, preparándose un ligero desayuno, escuchó el timbre del teléfono. Pensó en Jorge, quizás iba a insistir y hacer las cosas más difíciles para ella.

"Aló? Sí, soy yo….." se escuchaba la voz de Teodora, quien tenía el teléfono inalámbrico en su hombro, mientras terminaba de empacar las dos maletas que llevaría a casa de sus tíos.

"Sí Clotilde, ya hablé con Jorge" Algo le decía su hermana al otro lado del auricular, a lo cual Teodora respondía con voz firme y clara "No sé, talvez tenés razón, pero por el momento, quiero estar sola. No me quiero sentir atada a Jorge ni atarlo a él tampoco"…

"Sí claro hermanita, pienso que el tren va a ir llegando como a las dos y media, pero no te preocupés, ahí tomo el Pulmitan hasta Liberia y después el bus que me lleve donde los tíos"….

Teodora, al tiempo que hablaba por teléfono, se miraba al espejo mientras, colocaba una cinta alrededor de su cabello para recogerlo en una cola de caballo. Se había puesto los aretes que su abuelita le había dado años atrás.

"Bueno, te dejo porque tengo que terminar de vestirme para irme a la estación, te veo más tarde" dijo Teodora mientras tomaba unos pantalones de mezclilla de su armario, para ajustarlos sobre sus bien formadas caderas. Abrió la gaveta, donde tenía sus camisetas y escogió una color azul de tirantes finos y se miró nuevamente al espejo.

"Tengo miedo de enfrentar mi vida sin Jorge, pero tengo que estar segura que lo amo antes de permitirle que deslice un anillo en mi dedo"…. "no sería justo para él ni para mí que yo me casara con él solo por temor a extrañarlo; él merece ser feliz y yo también y si el destino no nos tiene deparado el estar unidos, pues es mejor separarnos ahora ya que dolerá menos que más adelante"…

Diciendo esto, revisó su bolso para estar segura que tenía el tiquete del tren y con paso seguro, puso su maleta en el corredor de su casa, cerró la puerta con doble llavín y se sentó en las graditas del frente a esperar el taxi que la llevaría hasta la estación.

Teodora era una muchacha independiente y muy linda. Era alta, delgada y muy segura de sí misma. A sus veinticuatro años, mostraba una madurez de una mujer de cuarenta y estaba muy enfocada en lo que quería lograr en su vida.

En el año que recién empezaba, Teodora haría su práctica en el Hospital Calderón Guardia. Esto la entusiasmaba mucho pues su director de práctica, el doctor Fernando Picado le había asegurado una plaza en el hospital una vez que ella terminara sus estudios en la Escuela de Enfermería.

"Atención, los pasajeros que van para Orotina, Barranca y Puntarenas, por favor hagan fila en la línea número cuatro, atención a los pasajeros…." Decía una voz que se escuchaba en toda la estación.

Teodora tomó su maleta y cuando se disponía a tomar la otra, una mano varonil la detuvo preguntándole "Me permite ayudarla señorita?"

Se volteó sorprendida para mirar de quien se trataba y se encontró con un hombre vestido con una playera y una gorrita color kaki verduzco, que la miraba con una mirada profunda y la confundió por un instante.

"Hola, gracias" dijo Teodora un poco aturdida por el sorpresivo ofrecimiento.

El joven, un muchacho de unos veinticinco años, se presentó de inmediato, apretando la mano de Teodora, quien se ruborizó un poco.

"Perdón, mi nombre es Danilo y voy a pasar una temporada en Liberia"

Ella le devolvió su sonrisa con un gesto amable diciendo "Gracias, Danilo, están un poco pesadas, me hubiera costado el doble subirlas sola. Yo también voy a para El Coco a reunirme con mi hermana menor. Muchas gracias por tu ayuda".

Teodora lo miró y le pareció atractivo pero ni por la mente le pasó que fuera una opción para reemplazar a Jorge.

Cuando subieron al tren, después de asegurarse que Teodora, se había acomodado en su asiento, Danilo se fue a su asiento, a unas quince filas de distancia de ella y de ahí en adelante no se volvieron a ver.

A Teodora le extrañó no verlo subirse al Pulmitan que la llevaría hasta Liberia, pero durante el camino ya no se acordó de él.

"Hola hermanita, estaba deseando verte, me hacía tanta falta tenerte cerca, nunca nos hemos separado y por la noche no tenía a quien contarle mis cosas. Imagináte, papá y mamá en Orotina y tu cama vacía" dijo Teodora a la vez que abrazaba a su hermanita menor.

Clotilde, una niña de escasos veinte años, emocionada por ver a su hermana nuevamente, exclamó: "Cómo crees que estaba yo? Estaba contando los días para que llegaras".

Clotilde y Teodora se abrazaron fuertemente y así abrazadas tomaron las valijas y las condujeron al taxi que las esperaba en la calle principal donde estaba la estación de buses.

"Como está tía Hilda? Le traje sus caramelos favoritos, yo sé lo comilona que es y no me lo perdonaría si no se los hubiera traído" comentó Teodora alegremente.

"Ni me digás, los está esperando. La pobre, casi ya no camina. Tiene un gran dolor en su pierna derecha; vos sabés, las várices las tiene fatales y no se quiere operar" respondió Clotilde y enseguida añadió "Bueno, pero decíme, cómo quedó Jorge? Se contentaron y va a venir a visitarte?"

El semblante de Teodora cambió de inmediato y sus ojos entristecieron al decir "No va a venir Cloti, ya te dije que terminé con él. Quiere que nos casemos y yo no estoy lista. No estoy segura de amarlo a tal punto como para vivir con él toda mi vida. Le dije que me diera un tiempo."

"Teo!! No lo puedo creer que lo quebraste? Así, así? después de casi siete años, pobre!! Debe estarse muriendo de la tristeza. Por qué hiciste eso? Vos si lo amás y lo sabés. Cómo que no aceptaste casarte con él?"

Clotilde no salía de su asombro pero su hermana la tranquilizó exponiendo las razones que le había dado a Jorge pero aun así Clotilde no podía entender cómo su hermana era tan fuerte y aunque se estaba arriesgando a sufrir, había tomado una decisión tan firme.

Por fin, el taxi paró en la casa de los tíos y ambas se dispusieron a bajar las maletas. Su tía Hilda se había levantado de su sillón y las esperaba en la puerta.

"Tía! Qué emoción verla, estaba deseando que llegara el fin de curso para venir a pasar un tiempo con usted, no la veo desde hace como tres años pero usted sabe que los quiero, por cierto, dónde está tío Joaquín?" preguntó Teodora mirando hacia todo lado.

"Hola mi amor, te estábamos esperando; Joaquín fué a la farmacia a traer sus pastillas para la diabetes, se le acabó la última anoche. Ya no se tarda, pero ven entra, que hay de tu vida, como está Jorge? Pensé que iba a venir con vos"

Nuevamente a Teodora le dolió su corazón pero disimuló diciendo "No, tía, él no vino ni va a venir, es una larga historia que le contaré más tarde, pero dígame como están ustedes, han arreglado mucho la casa, me encanta el color de la pintura".

"Si, vos sabés, mi viejo, es un hiperactivo y no puede quedarse quedito, tiene que estar haciendo algo y la pintó hace un mes".

Teodora y Clotilde se fueron a su dormitorio e hicieron planes para pasar los dos meses más lindos en casa de sus tío en Playas del Coco. Sus tíos tenían su casita como a unos trescientos metros de la playa y estaban felices que ellas dos pasaran con ellos aquellas vacaciones.

El papá de Teodora y Clotilde, era el único hermano de Hilda y ella, al no haber tenido nunca hijos, amaba a sus sobrinas como si fueran sus propias hijas.

"Qué bueno que llegaste hoy porque mañana hay una fiesta en casa de Rita Cambronero. Te acordás que ella fue compañera mía en tercer grado y nos hicimos muy amigas?" dijo Clotilde alegremente. Sin poder contener su entusiasmo, continuó diciendo.

"No me lo vas a creer pero su papá vende acciones de un lugar vacacional y viven ahí. Ayer la encontré en el automercado de Liberia, cuando le fuí a comprar a mi tía, la comida de la semana y me dijo que te invitara pues le conté que hoy llegabas"

Teodora no sentía que estaba para fiestas pero para no desanimar a su hermanita menor dijo entusiasmada "Claro, por supuesto iremos, vengo a divertirme en estos dos meses, necesito olvidar muchas cosas y mantenerme entretenida"

"Hmmmm…. Se te nota hermanita ,que amás a Jorge, ya te veo el año que viene vestida de novia frente al altar, jajajajaja ya verás, recordá que soy bruja"… dijo Clotilde mostrando una sonrisa maliciosa.

"Calláte chiquilla no sabés lo que decís, me vas a ayudar a ponerme triste o me vas a dar ánimo, por favor, en serio, no hablemos de Jorge, sí?"

Clotilde se acercó a ella y la abrazó fuertemente diciendo: "No te preocupés hermanita, fué una broma, perdonáme. Vení, vamos a dormir, es tardísimo y mañana la fiesta empieza a las tres de la tarde"

Era una noche calurosa, ambas estaban cansadas, se durmieron casi al instante de apagar la luz. El susurro que hacían los abanicos en el dormitorio las hizo dormir toda la noche sin despertarse ni una sola vez.

"Hora de levantarse niñas, el desayuno ya está sobre la mesa y se enfría. Les hice gallo pinto con huevos pateados y chorizo frito!! Las tortillitas están recién palmeadas y también agua dulce con leche. Sé lo que les gusta" dijo el tío

Joaquín desde la puerta, mientras daba unas palmeadas para despertarlas.

Ambas corrieron a la puerta para saludarlo. Lo querían como a un segundo padre y él las amaba igual. No había nada, que a Joaquín Silva le gustara más, que sus dos sobrinas los visitaran. Su juventud le daba a él y a su esposa, la energía que por su edad, se les había desgastado.

Después de lavarse su cara y sus manos, ambas se sentaron a desayunar con sus tíos.

"Como me encanta que estén con nosotros, por eso, esta es mi época favorita del año. Por cierto, cuándo nos visitarán sus papás? La última vez que hablé con ellos me dijeron que venían en este verano" dijo Joaquín, mientras servía la mesa.

"Ah sí, papi dijo, que van a venir unos días en febrero, hoy los llamaremos para ver si se pueden venir un poco antes", dijo Clotilde alegremente.

A las tres de la tarde, después de pedirle permiso a sus tíos, Clotilde y Teodora se fueron para la casa de Rita.

La fiesta era en la parte alta de Villa Mar. Desde ahí se podía ver el mar en todo su esplendor. Había un cantante y todos los jóvenes invitados, estaban agrupados alrededor de la piscina.

"Hola", dijo una voz a espaldas de Teodora. Ella, sorprendida, se volvió pues la voz masculina le sonó conocida y su mirada se encontró sorpresivamente frente a la de Danilo, el muchacho que la había ayudado a subir al tren.

"Hola, qué casualidad verte aquí, lo que menos me esperaba!!" respondió Teodora ruborizándose un poco por la sorpresa.

Él la miró sonriendo y le pareció tan linda, en sus pantaloncitos cortos, con su blusita sin tirantes, de rayitas rojas y blancas, la cual dejaba ver sus hombros y su espalda desnudas.

Teodora, se dió cuenta de inmediato, que él la estaba mirando de otra manera.   Se sintió un poco incómoda pero lo disimuló.

"Qué linda te ves, vestida asi" comentó Danilo.

"Gracias" dijo ella ruborizada como una manzana; acto seguido, le presentó a su hermana Clotilde, quien estaba hablando con su amiga Rita.

"Clotilde, él es Danilo, veníamos en el mismo bus para Liberia y fijáte, de casualidad me lo vuelvo a encontrar aquí"

"Hola!! Yo soy la hermana de Teodora, cómo estás Danilo?" contestó Clotilde ,despreocupadamente apretando la mano que Danilo le había extendido.

Rita se arrimó donde estaba el grupo de los tres y jaló del brazo a Clotilde para que la ayudara a servir unos refrescos.

"Y cómo llegaste a Liberia? No te ví en el bus" comentó Teodora, sin saber qué decir.

Danilo, quien no salía de su asombro, al haberla encontrado dijo: "Ah… un amigo me fue a recoger a la estación. Casualmente aquí está. Él es el novio de tu amiga Rita. Estás acompañada por alguien, Teodora, no quiero ser inoportuno ni causar una pelea entre novios" agregó Danilo, sin que Teodora esperara aquella pregunta.

"No, no estoy acompañada; vine sola. No tengo novio." continuó diciendo Teodora.

"Cómo puedes estar solita, siendo tan linda?" añadió Danilo mirándola incrédulamente.

"Y vos, dónde está tu novia? La dejaste en San José" dijo Teodora riendo.

"No, Teodora, no tengo novia, es una larga historia que un día te contaré"…. en los ojos de Danilo, se reflejó la tristeza, que no pudo ocultar en aquel momento.

Diciendo esto, tomó dos refrescos fríos de la nevera portátil y la invitó a sentarse a la mesa donde estaban Clotilde, Rita y su novio.   Todos se sorprendieron al verlos llegar, pero no dijeron nada. Bailaron toda la fiesta, la música era alegre y todos estaban en ambiente.

Al despedirse, ya eran alrededor de las ocho de la noche y Danilo se ofreció a acompañarlas con Rita y su novio a casa de los tíos. Teodora y Clotilde aceptaron y quedaron en verse al día siguiente para ir a dar un paseo por la playa.

"Te gusta ese muchacho verdad?" dijo Clotilde, cuando Teodora se servía un sándwich en la cocina.

"Ay no! Cómo se te ocurre!, es agradable no te lo puedo negar pero de eso a estar yo pensando en él como una posible pareja no, absolutamente no!!" Y luego, sin permitir que su hermana siguiera preguntando, Teodora prosiguió diciendo, "entendé que yo amo a Jorge; pero quiero estar segura, que si decido casarme con él, es porque hay verdadero amor de por medio, tanto de parte de él, como de parte mía".

"Pues entonces hermanita estás jugando con fuego; y no sólo eso, podrías estar jugando con los sentimientos de este muchacho, pues parece que vos a él le gustás y mucho" respondió Clotilde. "Además, recordá que uno no debe decir, de esta agua no beberé y como dice mamá, un clavo saca otro clavo".

Las palabras de su hermana la tocaron y no quiso hablar más del asunto. La llamada de sus padres interrumpió la conversación con Clotilde y la ayudó a que su hermanita imprudente, no siguiera tocando un tema, que para ella era incómodo.

Los días transcurrieron y Teodora y Clotilde, continuaban sus vacaciones. Algunas veces salían a pasear con sus amigas, pero la mayoría del tiempo se quedaban en casa hablando o iban a pescar con sus tíos a la playa.

Las llamadas y las invitaciones por parte de Danilo eran frecuentes y ambas muchachas iban con él al cine, a comer o a dar un paseo en lancha.

¿Diay qué mae? ¿Pura vida? — Sonia B. F. Arias

Cierto día, unas dos semanas antes que se terminaran las vacaciones, Danilo se decidió hablar claro con Teodora "Teodora, hemos estado saliendo como amigos por casi dos meses, pero yo estoy enamorado de vos y quisiera ser correspondido pero me siento confundido. Por un lado salís conmigo, aceptás que bailemos y nos divirtamos juntos pero por otro, yo te noto triste, meláncolica y quisiera saber si hay alguien más en tu vida, aunque una vez me dijiste que no tenías novio".

Teodora lo miró con aquellos ojos café claro que habían enamorado a Danilo desde la primera vez que la viera en la estación de tren y respondió "no te mentí Danilo, yo no tengo novio, terminé con él antes de viajar a casa de mis tíos, fuí su novia por siete años pero él quiere que nos casemos. Yo no estoy segura, si debemos hacerlo en este momento, tengo prioridades en mi vida; por esa razón terminé con él".

Danilo la miró e inmediatamente quitó su mirada y volvió sus ojos hacia el mar, pues se encontraban caminando por la playa. "Gracias por tu honestidad, Teodora, sos una muchacha que vale oro, como no hay dos, hoy día. Vos abriste tu corazón y yo te abriré el mío. Mi historia es distinta. También tuve una novia por tres años, a la cual amé mucho. Desgraciadamente, por esas cosas inexplicables de la vida, ella murió de una extraña enfermedad, similar a la hepatitis. De esto hace ya nueve meses. Todo sucedió tan rápido. Su mal se la llevó en tres semanas".

Teodora, al escucharlo, se conmovió y abrazó a Danilo. Este lloró sobre su hombro, pues le conmovió el gesto de Teodora. Cuando el momento pasó, Danilo fué el primero en hablar "Sufrí mucho, especialmente porque me casé en *"artículo mortis"* con Clemencia. Ella no quería pero yo quise darle ese gusto, antes que ella muriera. Se vistió de novia, fuimos a la capilla del hospital con nuestras familias, hicimos una fiesta chiquita en un salón privado del hospital.

La hice muy feliz en ese par de horas que duró la ceremonia y la reunión familiar"…. Danilo no pudo continuar, las emociones se agolpaban en su garganta sin poder salir a flote y Teodora se dio cuenta.

"No sigás por favor, Danilo, no sigás, te hace daño recordar, no estás listo todavía para contar tu historia".

Danilo haciendo un gran esfuerzo, le rogó a Teodora que quería continuar. Ella se lo permitió tomando su mano. "Aquella misma noche, Clemencia se durmió en el sueño eterno. Yo quedé tan devastado que hasta pensé en irme con ella, pero recapacité, pensé en mis padres y no lo hice"…

Teodora estaba totalmente conmovida con la historia que acababa de escuchar y entendía a Danilo perfectamente. Su caso era distinto, Jorge estaba vivo, pero ella sentía que lo estaba perdiendo, al sacarlo de su vida como lo había hecho.

"Danilo, vos merecés ser feliz, sos un gran muchacho!!". Danilo tomó su mano, besó sus labios y ella se lo permitió. Aquel beso decía mucho sobre el amor que Danilo sentía por Teodora. Si él hubiera preguntado en aquel momento a Teodora, lo que había sentido después de aquel beso, ella le hubiera dicho que le diera otro y muchos más.

Sin embargo, su cordura y su conciencia le decían, que aquello no podía ser. "No, Danilo, por favor, no rompás esta amistad tan linda que hay entre los dos. Ambos hemos abierto nuestros corazones y este beso, quizás, podría cambiar nuestra relación, pero ninguno de los dos estamos listos para empezar de nuevo".

"Yo sí estoy listo, Teodora, siento que te amo. Tuve que resignarme hace tiempo a dejar ir a Clemencia, por favor hagamos el intento, quizás funcione, por favor, dejáme probarte cuán feliz puedo hacerte, Teo".

Teodora lo miró con lágrimas en los ojos y respondió: "No sé, Danilo, dejáme pensarlo, no quiero precipitarme a hacer algo de lo que, luego, me voy a arrepentir. Quiero irme a casa, estoy confundida, dejáme poner mis pensamientos en orden. Después que me besaste, no sé lo que siento, por favor no me presionés"...

Danilo la acompañó a su casa en silencio,. Ambos parecían dos sombras caminando por la playa y luego por la ruidosa avenida que conducía a Teodora a su casa.

Al despedirse no dijeron nada, no sabían qué decir. No existían palabras que cambiarían la decisión que Teodora había tomado.

"Qué pasó? Se te declaró Danilo? No creo, pues traés una cara de entierro que ni para qué..."

Comentó la imprudente de Clotilde, cuando su hermana entró en el dormitorio dispuesta a dormirse, para no pensar.

Teodora no quiso responder, simplemente tomó la almohada y lloró por su confusión, por la historia que había escuchado de los labios de Danilo, por su frustración y su cobardía de no tener claro en su mente, lo que quería hacer realmente.

Clotilde no quiso preguntar más aunque quería consolarla y a la mañana siguiente, cuando sus tíos se fueron de compras con Clotilde, Teodora tomó el teléfono para llamar al hotel y hablar con Danilo. Le diría que no la presionara, que dejara pasar el tiempo, que ella no quería tener novio en ese momento, porque estaba confundida.

Alguien contestó el teléfono, "Aló quién habla?" dijo una voz masculina al otro lado del auricular. "Puedo hablar con Danilo, es Teodora" La persona que estaba al otro lado del auricular respondió secamente. "Señorita, creo que tiene el número de habitación equivocado. Este es el cuarto 327 y aquí no está hospedado ningún Danilo. Desea que le transfiera la llamada a la central?"

Aquellas palabras hicieron a Teodora palidecer y tomando asiento en la cocina, se dió cuenta que Danilo se había ido. Ya nunca más lo vería pero no intentaría buscarlo. Dos gruesas lágrimas bajaron por sus mejillas sin poder evitarlo.

    Se dirigió a la cocina y miró el reloj, su hermana y sus tíos llegarían en cualquier momento. Ella no quería explicarles lo que acababa de suceder. Se vistió con unos pantaloncitos cortos, se puso una camiseta transparente sobre el bikini que lucía en su cuerpo esbelto y tomando una botella de agua fría salió a correr por la playa.

    No quería pensar en aquel momento, no quería ofuscarse, por eso corrió sobre la playa como nunca antes lo había hecho, mientras en su mente escuchaba una voz interior que le decía *"Es mejor así…. es mejor así…. es mejor así…."*

    De regreso a casa, se encontró un cieguito sentado en una de las aceras, con un tarro de café en el que habían algunas moneditas. Aquel hombre cantaba con gran sentimiento una canción que le golpeó el corazón.

    Alcanzó a escuchar algunas de sus estrofas que le dolían demasiado. Era la historia de Danilo, era su historia y ella era la protagonista de aquella historia de amor que no había llegado a ser….

    El cieguito tarareaba una canción que no se sabía por completo pero aquellas estrofas inconclusas decían mucho sobre sus momentos en las Playas del Coco…

…..Aquí empieza la historia
allá en las Playas del Coco
un día de verano
reinaba entusiasmo loco…
…..la luna por testigo
allá en el confín
sonó luego el latido
de dos corazones

en un ardiente beso
mi amor te dí.
....Feliz pasaba el tiempo
terminó la temporada,
noté algo extraño
en tu mirada
tenías allá otro novio
que era el hombre que amabas,
a mi no me querías
que triste amor
el de temporada.

Terminaron las vacaciones. Ninguna de sus amigas ni su propia hermana preguntó nada, ni siquiera sus tíos quienes la veían pensativa, se atrevían a preguntarle.

"Gracias tía Hilda, gracias tío Joaquín, por recibirnos tan bien y darnos tanto cariño; los esperamos por allá pronto" Todos se dieron un beso y un abrazo en la parada de los buses de Liberia.

"No me hagan caso, ya saben que soy una gran llorona" dijo su tía, limpiando sus lágrimas y prometiendo visitarlas pronto.

Luego se volvió a su sobrina mayor y le dijo en secreto. "Mi amor, busca tu felicidad y no te impacientés por encontrarla. Si querés ser feliz, no te precipités a tomar una decisión llevada por los sentimientos únicamente. Pensá todo con tu cabeza fría para que hagás la mejor decisión".

"Gracias tía, te amo mucho, cuando nos vas a visitar?" Respondió Teodora sonriente. "Pronto, mi amor, pronto, estaremos por San José. Cuidáte y que Dios guíe tus pasos en todo lo que decidás. Dios las bendiga a las dos".

El bus emprendió su regreso a San José, Clotilde, la romántica Clotilde, leía una novela de amor de caricaturas y con sus audífonos puestos, escuchaba una canción.

Teodora, con su frente pegada al vidrio del bus, miraba la playa desaparecer, conforme el bus se alejaba de las Playas del Coco.

Haría lo que su tía Hilda le había aconsejado. No se precipitaría a tomar decisiones. Tenía que concentrarse en su práctica. Iría a hablar con el doctor Picado aquel mismo lunes, para arreglar lo de su práctica en el Calderón Guardia.

Amor de Temporada

Letra y Música:
Héctor Zúñiga Rovira

Morena de mi vida
te vengo a contar mis penas,
a recordarte el día
que heristes el alma mía,
en esta amarga vida
de angustias y de penas,
de dicha solo tengo
tu imagen en mi memoria.

Aquí empieza la historia
allá en las Playas del Coco
un día de verano
reinaba entusiasmo loco,
sonaban las marimbas
sonaban las guitarras,
los botes se mecían
asidos a sus amarras.

En la ondulada playa
de un mar azul
estabas tú cantando
cuando te vi
la luna ya salía
allá en el confín
tú estabas a mi lado
y yo al lado de tí.
En esa hermosa noche
clara de abril
la luna por testigo

allá en el confín
sonó luego el latido
de dos corazones
en un ardiente beso
mi amor te di.

Feliz pasaba el tiempo
terminó la temporada,
de regreso a mi pueblo
noté algo extraño
en tu mirada
tenías allá otro novio
que era el hombre que amabas,
a mi no me quenas
que triste amor
el de temporada.

Cogí luego el caballo
y de regreso a mi pueblo,
después de mi caballo
sólo la luna me acompañaba,
morena de mi vida
aquí termina la historia,
dejando mi alma herida
tristes recuerdos en mi memoria.

10

Choluteca, Honduras – Junio 1965

Debut Celestial, toma lugar en dos países, Costa Rica y Honduras, donde ocurrió una de las tragedias más grandes en la historia de Costa Rica.

El ballet de doña Coralia de Romero, viajó a Honduras para hacer una presentación en ese país, con motivo de levantar fondos para ayudar a los niños que padecían de poliomielitis.

Alrededor de cincuenta y cuatro personas de diferentes edades, entre ellos, cuatro jóvenes del Liceo de Costa Rica, iban en el autobús y aproximadamente treinta o más murieron en la tragedia, cuando el vehículo, perdió el control por un problema en los frenos y se volcó de frente, precipitándose en un maizal.

Esta historia está basada en una entrevista que le hice a una de las bailarinas, que experimentó la tragedia en carne propia, pues ella era parte del Ballet de Coralia de Romero, la señora Grettel Cordero, a quien agradezco su valiosa cooperación.

Su nombre y el de otras niñas fueron cambiados en esta historia por respeto a los que sufrieron pérdidas en esta terrible tragedia que quedó en la mente de los costarricenses y que la recordamos, cuando los periodistas consternados, narraban las escenas vividas, aquel trágico martes 29 de junio de 1965.

Debut Celestial

Doña Corina, despidió a las niñas de su última clase de la tarde como siempre lo hacía, dándoles un abrazo y saludando a sus padres quienes puntualmente las recogían a las seis.

Corina de Ramírez, al cerrar su academia, tenía la rutina de dirigirse al consultorio de su esposo, quien era médico para luego irse a su casa juntos.

Cuando se disponía a cerrar las puertas de su local, donde tenía su academia de ballet desde hacía ya quince años, el teléfono de la oficina sonó y Corina corrió a atenderlo.

"Posiblemente es la mamá de Irene, se le olvidó su sweater y su bolso"...

"Aló, escuela de ballet Corina de Ramírez para servirle, con quien desea hablar?" se oyó la voz de Corina, con gran seguridad.

"Sí, claro, ella habla" volvió a repetir Corina al escuchar la voz al otro lado del auricular.

"Hola Margarita, claro que me encantaría, me parece muy bien y para cuándo sería?" La otra persona le seguía explicando y cuando Corina le contestaba su voz parecía más entusiasmada con lo que la persona que la había llamado le estaba proponiendo.

"Perfecto, la espero mañana como a esta hora, que ya termino con mis clases. Un placer saludarla, Margarita, gracias por tomarnos en cuenta, muy agradecida, hasta luego".

Corina con una mirada brillante y una leve sonrisa en sus labios cerró las puertas de su local asegurándose que las ventanas tuvieran el picaporte puesto y de inmediato salió rumbo a la oficina de su esposo, el doctor Julio Ramírez, quien tenía su consultorio a unos cien metros de donde ella se encontraba.

Caminó hacia allá con paso seguro y muy feliz, su semblante irradiaba una gran satisfacción. Corina le ponía amor a su profesión como profesora de ballet, sus alumnas eran su orgullo y les tenía un inmenso cariño.

Sus ojos brillaban de emoción, cuando su ballet se presentaba en El Teatro Nacional y en medio de los aplausos del público danzaban con aquella soltura que hacía sentirse a aquellas niñas y jovencitas tan seguras en el escenario.

A muchas de ellas Corina las había tomado bajo su ala desde que eran muy pequeñas y hoy todas ellas, eran bailarinas profesionales, las cuales le daban a su escuela el nombre prestigioso entre los costarricenses de Academia de Ballet de Corina de Ramírez.

Entró en el consultorio de su esposo donde todavía quedaba un paciente sentado en la sala de espera.

"Hola Emilia, como has estado?" saludó Corina cortesmente a la secretaria de su esposo, quien ya tenía alrededor de veinte años trabajando para él.

"Bien, doña Corina, bien, y como está usted?" Respondió Emilia con una sonrisa en sus labios.

"Pues fijate que llena de proyectos con las niñas como siempre, ahora precisamente me acaba de llamar una amiga hondureña para invitar a mi ballet a que se presente en Tegucigalpa. Dice mi amiga que es para beneficio de los niños que sufren de poliomielitis en Centroamérica"

"Qué bien doña Corina, me alegro mucho, que dicha que va a poder contribuir a una obra de beneficencia de ese calibre!" dijo Emilia muy animada mientras pasaba al último paciente para que viera al doctor.

"Pues sí, yo estoy muy entusiasmada, fijate que de casualidad las presentaciones van a ser en tiempo de vacaciones de medio año, vamos a tener que practicar mucho, porque la fecha no está tan lejos. Por supuesto tengo que hacer una reunión con los padres de mis alumnas a ver si están de acuerdo y preguntarle a Julio, pues no quisiera ir sola con el grupo. Me gustaría que él me acompañara, de todas maneras no ha tomado vacaciones este año".

Tan entusiasmadas estaban Emilia y Corina hablando del tema que no se dieron cuenta que ya el doctor había terminado con su último paciente y salía del consultorio para darle unas indicaciones a Emilia.

Corina lo saludó con un beso ligero en sus labios y el acarició su espalda como siempre lo hacía.

Ambos se despidieron de Emilia y salieron de la oficina a paso ligero.

"Vamos a cenar al restaurante de Pedro y Laura, hoy tienen el casado especial que te gusta" dijo Corina mirando a su esposo.

"Está bien vamos, sé que a vos también te gusta. Además hoy tuve que ir al México, a operar un niño que se fracturó la pierna en un accidente de moto y no pude almorzar".

Julio Ramírez un hombre apuesto y fuerte que estaría en los cincuentas pasó su brazo sobre el hombro de su esposa y ambos se dirigieron al restaurante que quedaba a unas dos cuadras de su consultorio.

En el camino, Corina aprovechó para adelantarle algo sobre la llamada que había recibido en la academia un par de horas atrás.

"Julio, fijate que cuando ya salía para tu consultorio, me llamó Margarita, mi ex compañera del colegio, la que se casó con Victor Peraza, el hondureño que trae los trajes de ballet para la academia te acordás?"

"No, no me acuerdo, exactamente pero decime, para que te llamó te oigo muy entusiasmada, por lo que veo son buenas noticias".

Corina con sus ojos brillantes y con una amplia sonrisa continuó diciendo, "pues sí, vieras que Margarita nos está invitando que nos presentemos en Tegucigalpa a fines de junio. Le contaba a Emilia que será una presentación a beneficio de los niños que padecen de poliomielitis, en toda Centroamérica"

Julio la miró y pudo captar en los ojos de su esposa, el entusiasmo que aquella propuesta producía en ella.

"Si, escuché sobre eso, el otro día en una junta de médicos; parece que en Tegucigalpa hay un proyecto de construir un hospital para ayudar a los niños que padecen esta enfermedad; tendrá una alta tecnología con terapias modernas pero escuché que el equipo es muy caro, pues viene de Inglaterra".

Corina se sintió muy complacida al escuchar que su esposo estaba familiarizado con el proyecto y continuó diciéndole "Julio, tengo que hablar con los padres de mis alumnas pero a mí me encantaría colaborar con una obra tan noble, te imaginás la maravilla que estas niñas aprendan desde pequeñas que pueden ayudar a otras niñas como ellas pero que por su discapacidad no pueden bailar? Sería algo precioso."

Julio sabía cuánto le gustaba a Corina cooperar para obras de beneficencia, y ésta específicamente por tratarse de ayudar a los niños que padecían aquel terrible mal de la polio, pues era algo que a él también lo entusiasmaba por eso sin dudarlo y antes que Corina se lo preguntara dijo "me parece muy bien y si llevás al ballet pues yo te acompaño gustoso, aunque aún no me has invitado"

Corina lo abrazó cuando ya entraban al restaurante y con sus ojos húmedos por la emoción respondió "por eso te amo, Julio, sos definitivamente el esposo con el que cualquier mujer sueña estar casada, pero yo soy la privilegiada que te robé el corazón"

Julio poniendo su mano sobre el hombro de su esposa, la besó en la frente y ambos entraron al restaurante y disfrutaron de aquel casado deseando que llegara el día siguiente para que Corina pudiera convocar a los padres de familia a una reunión para anunciarles el proyecto que tenía en mente por aquella buena causa.

Aquella tarde del día siguiente, Corina abrió su academia como de costumbre a las dos de la tarde y conforme iban entrando sus alumnas, ella saludaba cordialmente a sus padres y les indicaba a las niñas que empezaran los ejercicios de calentamiento, mientras ella entregaba la carta por medio de la cual convocaba a los padres a una reunión al día siguiente a las siete de la noche.

"Es muy importante que asistan a esta reunión, tenemos un asunto pendiente que discutir y no puedo resolverlo sin su apoyo" repetía amablemente Corina con una sonrisa, a la vez que entregaba el sobre a los encargados o padres que dejaban a las niñas para que tomaran las clases.

Al menos el ochenta y cinco por ciento de los padres asistieron a la reunión, otros la llamaron por teléfono para excusarse y para saber sobre lo que Corina quería discutir con ellos.

"Buenas noches, queridos amigos" comenzó Corina diciendo. "Primero quiero agradecerles el haber sacado su tiempo para asistir a esta reunión que es muy importante para nuestra academia y para sus hijas"

Los padres aplaudieron y Corina continuó diciendo: "El lunes por la noche recibí una llamada de una amiga hondureña invitando a las alumnas de esta academia a participar en una buena obra en Tegucigalpa, Honduras" continuó Corina con voz entusiasmada.

"Pues bien, les diré de que trata el proyecto. Sus hijas bailarían en el Teatro Nacional de Tegucigalpa y los fondos que se recojan serán para beneficio del Hospital Terapéutico de Tegucigalpa. Este hospital se está construyendo y tendrá los equipos más modernos importados de Inglaterra para ayudar a los niños poliomielíticos de Centroamérica"

Los padres escuchaban atentamente las indicaciones que Corina les daba. "Consulté este proyecto con mi esposo y dice que él nos acompañaría si tomáramos la decisión en esta noche de que sus hijas bailen en esta actividad. Antes de iniciar los preparativos del viaje me gustaría hacerlo por votación y si la mayoría está de acuerdo pues entonces planeamos todo lo concerniente al viaje que sería durante las vacaciones de quince días de sus hijas. Calculo que estaríamos por allá alrededor de seis o siete días".

Algunos de las madres asistentes hicieron algunas preguntas sobre el transporte, la estadía en Honduras, las fechas exactas en que viajarían pues querían ir al viaje y tenían que planear sus vacaciones en sus respectivos trabajos.

Corina contestó todas las preguntas con exactitud excepto las que le hicieron sobre el medio de transporte que usarían si sería en autobús o por avión. Algunos de los padres eran personas pudientes y podían pagar un tiquete de avión, pero Corina sabía que a otros se les haría difícil cubrir los gastos.

"A continuación voy a repartir estas boletas a cada uno de ustedes. Ahí pueden poner su nombre, teléfono, el nombre de su hija y si votan porque apoyemos esta causa. También quisiera que escribieran el medio de transporte que les gustaría usar".

Todos los padres conversaron entre ellos; se veían muy animados y Corina podía percibirlo por el ambiente familiar y amistoso que reinaba en su reunión.

Dio Gracias a Dios por su trabajo. Dio Gracias a Dios por contar con aquellos padres para sus proyectos. Ella los consideraba casi como de su familia. Muchos de ellos tenían hasta tres niñas que recibían clases en su academia.

Cuando terminó de repartir las boletas las leyó públicamente omitiendo los nombres de los padres y el ochenta por ciento habían respondido afirmativamente y su voto era porque el viaje se realizara por tierra.

"Muchas gracias por su apoyo, amigos, Dios los recompensará esta buena obra, y como el ochenta por ciento de ustedes quieren, haremos el viaje por tierra. Mañana mismo buscaré un bus que tenga una capacidad para unas sesenta personas y les estaré informando esta semana. También llamaré a mi amiga Margarita a Tegucigalpa para que nos busque un buen hotel para hospedarnos y verán que será un viaje inolvidable".

Cuando Corina despedía a los padres en la puerta, Isabel Campos, se acercó a ella para saludarla. Esperó que despidiera a todos los padres para plantearle su caso.

"Como está Isabel, que gusto de verla, siempre le pregunto a Amanda por usted? Como le va en su nuevo trabajo? Por Amandita sé que empezó a trabajar para el Banco de Seguros hace unos meses. Como le está yendo?"

Isabel una mujer delgada, alta de un porte elegante saludó a Corina dándole un abrazo mientras decía. "Gracias doña Corina, usted siempre tan linda, Amandita la quiere muchísimo y practica los pasos que aprende cuando tiene un tiempo libre. Yo estoy tan feliz que ella esté aquí con usted por las tardes, me siento muy contenta de verdad que ella esté aprendiendo a bailar tan lindo".

"Ay Isabel, ni me diga Amanda es un encanto, baila precioso y aprende los pasos muy rápidos y tiene una gran habilidad para el ballet. Pero dígame puedo contar con ustedes para el viaje a Tegucigalpa?"

Isabel, miró a Corina y tomó sus manos diciéndole "De eso precisamente le quiero hablar doña Corina, usted sabe que yo soy mamá y papá para mis hijos, como le he contado anteriormente, con el papá de Ricardo y Amanda no puedo contar, tiene sus problemas y vive en un mundo lejos de nosotros, pero si quisiera que Amanda fuera con usted. No le importa si la mando solita? bueno, sé que yendo con usted va segura".

"Claro!! Por supuesto, yo me encargo de Amanda, no se preocupe, como le digo, mi esposo va también y eso es una tranquilidad para mí, llevar un médico con nosotros por cualquier emergencia, uno nunca sabe" continuó Corina explicándole a Isabel.

"Perfecto! Entonces le voy a contar a Amanda sé que se va a poner feliz de ir con usted. Como le digo le tiene mucho cariño" agregó Isabel.

Isabel y Corina se despidieron con un abrazo y cada una tomó el rumbo a su casa. Eran alrededor de las ocho y media de la noche cuando Isabel llegó a la casa. Su hijo Ricardo quien tenía doce años salió a su encuentro y la abrazó mientras decía "mami necesito un nuevo cuaderno para ciencias porque hoy escribí en la última página"

Isabel se cambió sus zapatos de tacón alto y abrió un armario para darle a su hijo el cuaderno. Seguidamente preguntó "hijo donde está Amanda?".

"Está en su cuarto oyendo música, es una fanática de los Beatles y todo el día baila con la música de ellos".

Isabel sonrió y se dirigió a la puerta del dormitorio de Amanda y escuchó que la música de Los Beatles sonaba estrepitosamente dentro del cuarto. Se escuchaba la canción de Twist and Shouts a todo volumen.

Cuando Amanda vio a su madre en la puerta de su cuarto bajó la música y se dispuso a escucharla.

Vino corriendo hacia ella y la saludó cariñosamente. "Mami, como te fue en el trabajo? Fuiste a la reunión de doña Corina?" dijo Amanda ansiosa.

"Si hija, de eso quiero hablarte. El ballet va para Honduras a hacer una obra de beneficencia, si querés ir, yo te doy permiso que vayás, pero yo no puedo acompañarte por más que quisiera, acabo de empezar en el banco y no tengo vacaciones. Le dije a doña Corina que si vos querías ir con ella, yo te dejo ir sin problema. Doña Corina me dijo que ella te va a cuidar bien y también estoy tranquila porque va el doctor para cualquier emergencia".

Amanda no cabía en sí de la alegría que aquella noticia provocaba en ella.

"A Honduras? Qué lindo mami!! Vamos a bailar allá? Será la primera vez que bailaré fuera de Costa Rica y además el viaje con mis amigas será super divertido" dijo Amanda con sus ojos brillantes. Aquellos ojos verdes tan lindos que había heredado de su padre.

Isabel la miró y de pronto recordó al padre de Amanda. Cuántos recuerdos lindos y a la vez amargos tenía de aquel hombre, al que una vez había amado y le diera el privilegio de ser el padre de sus dos hijos. Aquellos hijos que eran su tesoro más preciado.

Amanda tenía sus mismos ojos verdes y era una niña espontánea que había conocido a su padre después de diez años de abandono, cuando aquel regresó a querer conquistar el amor de sus hijos y su esposa nuevamente.

Isabel, se dió cuenta que se estaba perdiendo en sus pensamientos y volviéndose a su hija dijo entusiasmada "sabía que te alegraría la noticia mi amor pero se van en dos semanas, cuando las escuelas salen a vacaciones de quince días; así que veré cómo hago, para comprarte una ropa bien linda para que hagás ese viaje que te ilusiona tanto".

Desde aquel día, tanto en la academia como en la casa de todos los que irían a Tegucigalpa, sólo se hablaba de los planes. A la actividad se habían unido cuatro jóvenes del Liceo de Costa Rica, quienes bailarían con las niñas, algunos de los bailes típicos costarricenses que se incluían en las presentaciones.

Tres días antes de salir, Isabel, al llegar del trabajo le dijo a Amanda "Mandy, como te dije anoche, vamos a ir a ver a tu abuelita hoy. Ella nos está esperando para comer juntas, también estará tu tía Berta; así que llamá a Ricardo, que está jugando afuera, para que se cambie de ropa y nos vamos. Acordáte que abuelita se acuesta temprano y tenemos que venirnos después de comer. Ella quiere despedirse de vos y darte la bendición".

Amanda siguiendo las órdenes de su madre fue al frente de su casa a llamar a Ricardo, quien jugaba una mejenga con otros chiquillos del barrio.

"Ricardo, dice mami que te cambiés rápido. Vamos a visitar a abuelita, me tengo que despedir de ella, vamos a comer allá. Apuráte que es tarde!!"

Ricardo aunque rezongando un poco, pues no le gustaba acatar las órdenes de su hermana entró y se cambió la ropa y los tres se dirigieron a la casa de la abuelita, para que Amanda pudiera despedirse.

"Así que vas para Tegucigalpa? Bueno, ya estás grandecita. Una muchachita de catorce años se sabe cuidar y conoce los peligros a los que no se debe exponer" decía doña Zaida a la vez que la encomendaba a la Virgen y a todos los Santos.

Durante la comida le entregó un rosario de perlas transparentes que tenía guardado en una cajita color azul y le dijo: "Amandita, te doy este rosario que me regaló mi abuelita. Calculá, cuán viejo es; para que lo rezés en el camino o antes de dormirte".

Amanda quería mucho a su abuelita y no le quería romper el corazón, diciéndole que lo que menos pensaba hacer en el camino, era rezar el rosario. Ya bastantes había rezado con las monjas del colegio y no quería irse todo el camino rezando el rosario, como si fuera una beata. Qué dirían sus amigas? De seguro, se reirían.

"Sí abuelita, gracias, le prometo que lo rezaré antes de dormirme".

Berta, la hermana de Isabel., observaba, callada, la escena pero en su rostro se le notaba algo de preocupación. Cuando Isabel y Amanda se acercaron a ella, para despedirse, Berta tomó a Isabel de su mano y le dijo "necesito hablar con vos. Es urgente, vení a mi dormitorio, no quiero que nadie nos oiga".

Isabel la miró extrañada y cuando iban para el cuarto de Berta, Isabel bromeó diciendo "No me digas que estás embarazada de Enrique, mamá se muere si se entera".

"Queeé? Estás loca?" dijo Berta impactada, por lo que acababa de escuchar. "Cómo se te ocurre? Ni pensarlo. Vos sabés que no tengo nada con él y será así hasta que nos casemos; parece mentira hermana, que no me conozcás" continuó diciendo Berta.

"Te quise hablar en privado porque tengo un mal presentimiento. No dejés ir a Amandita a ese viaje, porque algo les va a pasar" dijo Berta con cara de angustia.

"Ahora soy yo la que te digo, cómo se te ocurre, Berta, sos una ave de mal agüero. Cómo se te ocurre decirme esto, trece días antes del viaje. Ya Amanda tiene todo listo y está super ilusionada. Cómo creés que yo le voy a decir que ya no va, porque su tía Berta piensa, que algo le va a pasar" dijo Isabel un poco molesta.

Camino a la casa Amanda le preguntó a su mamá por curiosidad "Qué te dijo mi tía Berta, mamá, se va a casar por fin?"

Isabel soltó una risa nerviosa, y mintió descaradamente " No, qué va! Ese hombre está duro de pelar, ya tienen siete años y yo no le veo trazas de quererse casar; ese sólo viene a calentar asiento a casa de mamá; pero bueno, no me llamó para eso, era para consultarme algo sobre un trabajo que le están ofreciendo".

Amanda quedó contenta con la mentira que le dijo su madre y cuando llegaron a la casa eran cerca de las nueve de la noche, y cada una de las dos, se fueron a dormir.

Faltaban trece días para el viaje y Amanda soñaba con que, pronto, llegara el día; se veía bailando en un escenario que nunca había pisado y se emocionaba de sólo pensar que ella era una de las estrellas principales del ballet de doña Corina. Cuánto la iban a aplaudir, cuando hiciera el ´solo´ que le correspondía hacer, en una de las piezas que bailaría.

A media noche se despertó sobresaltada. *"Qué sueño tan horrible! Por dicha que fue un sueño; pensé que nos matábamos. El auto iba a toda velocidad y yo lo iba manejando; Elsa, Laura y Patricia gritaban y yo no podía frenarlo. Qué miedo! Por dicha, que ni siquiera conozco, ese carro del sueño".*

Cuando se repuso, se levantó al baño y fue a la cocina a tomar un vaso de leche. Su mamá la escuchó y se levantó también.

"Qué pasa Amanda, estás bien? Me asustaste, pensé que te habías levantado sonámbula"

¿Diay qué mae? ¿Pura vida?   Sonia B. F. Arias

Amanda miró a Isabel y dijo seguidamente "Tuve un sueño horrible, casi nos matamos! Elsa, Laura, Patricia y yo, que era la que iba manejando un automóvil blanco, con asientos rojos, íbamos a gran velocidad y yo empujaba botones y pedales en el carro pero no lo podía frenar. Iba disparado mamá, cuando nos íbamos a estrellar, me desperté con el corazón que se me salía".

Isabel abrazó a su hija mientras decía "Ay hija, es sólo un sueño. Imagináte, si será tonto el sueño, que ninguna de ustedes maneja todavía. Los sueños son así de locos; pero sí es cierto, algunas veces, lo asustan a uno pero son sólo eso, sueños que no tienen ni pies ni cabeza".

Sin dejar que Amanda hiciera ningún comentario Isabel continuó diciendo "Vamos a dormir, mañana es día de escuela y tenemos que levantarnos temprano, para que nos dé tiempo de desayunar y poder llevarlos al colegio, antes de irme a trabajar. Ya olvidate de ese sueño y andáte a dormir"

Amanda obedeció a su madre, pero siguió pensando en aquella pesadilla, la cual compartió, con algunas compañeras del colegio que habían estado en su pesadilla. "Eso es larga vida, soñar que uno se va a matar o se mata" dijo una de sus compañeras riendo.

Pasaron los días y ya faltaban cuatro para salir de viaje, cuando Amanda volvió a tener otra pesadilla, similar a la que había tenido seis noches antes.

Esta vez, el auto blanco y rojo, se había convertido en un autobús, también de los mismos colores; ella lo iba manejando y se quedaba sin frenos.

Despertó como a las tres de la madrugada pero esta vez el impacto fue menor, pues recordó las palabras de su madre y se dijo a sí misma, "*Mami diceque los sueños sólo son eso, sueños*" volvió su rostro para el otro lado de su almohada y sin inmutarse mucho, se durmió profundamente.

Los días pasaron volando y por fin llegó el día esperado; el lunes por la mañana; primer día de vacaciones para todas las escuelas de Costa Rica.

Eran alrededor de las nueve, todas las niñas, los cuatro jóvenes del Liceo de Costa Rica y las madres acompañantes llegaron a la academia temprano con sus maletas y sus maletines de mano, algunas llevaban un radio portátil.. En su mayoría, vestían pantalones de mezclilla, camisetas de diferentes colores y estilos, con zapatos tennis, azules y blancos

Los cuatro varones también vestían mezclilla y camisetas sport; algunos llevaban una gorrita y lentes oscuros para protegerse del sol. El autobús no había llegado aún; llegaría a las diez aproximadamente y a esa hora emprenderían el viaje.

Isabel y Amanda habían llegado diez minutos más temprano, para que Isabel pudiera darle el dinero de los pasajes y hoteles, a Corina.

"Aquí tiene doña Corina, el dinero del pasaje de Amanda. También en el sobre le puse el dinero de los hoteles y puse cuatrocientos colones más, para emergencias del camino. Ya le dije a Amanda que le haga caso en todo a usted y que se porte bien. Bueno, ya me tengo que ir, pedí permiso en el trabajo, para llegar un poquito tarde pero no debo abusar"

Isabel miró sonriendo a su hija, con una mirada de advertencia y luego de abrazarla y besarla se despidió de ella y de Corina.

"No se preocupe, Isabel, se la cuido como si fuera mi propia hija; téngalo por seguro, no creo que tenga que jalarle las orejas, es muy bella Amandita". Las tres rieron del chiste de Corina. Amanda después de despedirse de su mamá, se fue a hablar con unas compañeras.

¿Diay qué mae? ¿Pura vida?   Sonia B. F. Arias

Lo único que tenían Amanda y sus amigas en mente, era el momento que llegara el bus y ellas pudieran escoger una ventana para admirar el paisaje y que empezara el vacilón y la aventura.

Una hora más tarde Corina les anunciaba la llegada del autobús. "Bueno, mis estimadas madres, jóvenes y alumnas, ya llegó el bus. Vamos a organizarnos, para que no hayan desórdenes a la entrada del bus. Las más pequeñitas van a subir primero, luego subirán las mamás a los asientos que tienen asignados con su nombre. Después ustedes, Amanda, Regina, Carlota, Marta Eugenia y Roxana" dijo dirigiéndose al grupo de adolescentes. "Finalmente, ustedes jovencitos, que van a ocupar los asientos de atrás del bus, entendido?" dijo Corina, antes de que todos tomaran sus equipajes.

Más de cincuenta personas hicieron fila para entrar al autobús, en el orden que Corina había dicho. Todos la respetaban muchísimo y le tenían mucho cariño.

Una vez que entraron todos los pasajeros al bus, Corina, anunció a sus estudiantes las reglas de disciplina que se guardarían durante el viaje.

"Vamos a guardar orden para que lleguemos bien y seguros, sin que se nos presente ninguna emergencia. Primero, quiero que revisen sus maletas y maletines de mano para que no dejen nada olvidado, cámaras de fotos, sweaters, gorras, anteojos de sol, cepillos de dientes, peine y pasta, por favor pongan estos artículos en el maletín de mano, pues ese será el que bajaremos en el hotel de Managua".

Luego, con una voz suave pero de autoridad, continuó diciendo, "no quiero que coman dentro del bus, haremos paradas para comer. Los que traen sándwiches o refrescos, esperen a que paremos para comer y los que llevan dinero, pararemos en un restaurante en Guanacaste para almorzar. Tampoco quiero que coman chicle, porque no hay donde tirarlos y no quiero que se les peguen en las ropas o en los zapatos".

Las personas dentro del bus escuchaban a Corina atentamente y nadie se atrevía a chistar, "También quiero decirles, que no se paren en el bus en ningún momento, mientras esté en marcha. Haremos paradas para que puedan ir al baño, en diferentes momentos. Hoy dormiremos en Managua. Calcúlo que llegaremos como a las diez u once de la noche"

Diciendo esto, Coralia dijo una oración, todos se persignaron y el Dr. Ramírez y ella tomaron los asientos de adelante, para darle las instrucciones al chofer, sobre cuándo parar y dónde.

Felipe Mata era un buen hombre de unos treinta y seis años, el cual había sido jardinero de los Ramírez y hoy manejaba los buses de la empresa que Corina había contratado para el viaje.

Como era un hombre de confianza para el doctor, éste había sugerido que lo contrataran para llevarlos a Tegucigalpa y a Corina le había parecido genial.

Dos de los muchachos que se sentaron atrás llevaban una guitarra y una dulzaina y al poco tiempo de ir por el camino empezaron a cantar canciones conocidas por todos.

Muchas de los pasajeros se unieron a sus voces y el ambiente que se vivía al momento en que el bus atravesaba la autopista Wilson para tomar rumbo hacia Liberia, donde sería la primera parada, era de alegría y de fiesta.

La primera parada la hicieron en Grecia, donde algunos de los pasajeros se bajaron al baño. Amanda, entre ellos, respetuosamente le pidió permiso a Corina para bajarse. Notó, al bajar del autobús, que el chofer le estaba echando agua al radiador porque aparentemente el bus se estaba calentando más de lo normal.

¿Diay qué mae? ¿Pura vida? Sonia B. F. Arias

Ninguna de las personas, incluyendo a Corina y al Doctor, le dieron importancia a ese incidente y sin hacer ninguna objeción, siguieron su camino rumbo a Guanacaste.

El chofer anunció que llegarían aproximadamente a las tres de la tarde y ahí pararían unas dos horas para almorzar.

Una hora antes de llegar a Liberia, el bus paró, nadie supo por qué. Todos se miraron extrañados pero nadie preguntó.

"Disculpen, queremos revisar bien el autobús y estar seguros que llegaremos sin contratiempos. Don Felipe, el chofer dice que tiene un amigo mecánico que vive en la zona y va a reparar el radiador para que no se recaliente el bus. Calcúlo que estaremos aquí por unos veinte minutos" anunció Corina a los pasajeros.

"Si gustan pueden bajarse a ese parque que está al frente y descansar un rato, o si prefieren, se quedan en el bus".

Amanda era inquieta e invitó a Roxana que bajara con ella "Vamos al parque y nos sentamos en una banca. Mirá que guapo está ese chavalillo del Liceo, creo que se llama Carlos" dijo Amanda sonriéndole a su amiga Roxana, quien la miró con ojillos maliciosos y le dijo "Ummmm... qué se me hace que te gustó Carlos; pero sí, vamos, toca bonito la guitarra y vos con esos ojillos verdes lo vas a dejar *pepiaditico*".

Amanda soltó una carcajada y ambas se dispusieron a bajar, se hicieron amigas de los cuatro jóvenes y además de hablar, contaron varios chistes; por eso, se les hizo el rato más corto.

Cuando Corina llamó a los que se habían bajado, todos llegaron rapidito. Amanda y Roxana estaban al final de la fila y escucharon lo que el chofer y el mecánico conversaban.

"Felipe, este bus necesita varias reparaciones, pero creo que si te la jugaste hasta aquí, llegás perfectamente a Honduras" escuchó Amanda decir al mecánico.

"Sí, sí, ma´e no te preocupés. Cualquier vara, en Nicaragua lo arreglo; de todos modos, vamos a dormir ahí y si sigue dando problemas, yo le digo al doctor, aunque nos atrasemos pues tendremos que hacerle los arreglillos que necesite, antes de irnos a Honduras"

Otros pasajeros también escucharon la conversación del chofer y el mecánico, pero confiaban en que si el mecánico decía que llegaban pues era seguro que no se iban a varar de camino.

"Doña Corina, si le parece nos vamos ya. Dice Manuel que ya revisó el bus y corrigió el problema del radiador. Le pusimos un cuarto de aceite y ya revisamos el líquido de frenos y el de la transmisión. Todo está bien. Creo, que ahora sí vamos sin problemas"

Corina lo miró confiada y le dijo "Claro, Felipe, si ya el problema está arreglado pues sigamos para no llegar muy tarde a Managua"

El bus, no volvió a fallar y siguió sin problemas a partir de ese momento, tal como Felipe lo había pronosticado, llegaron a Nicaragua alrededor de las once de la noche.

Cuando el bus paró en el hotel, los pasajeros se bajaron con sus maletines de mano, donde llevaban sus paños, pijamas, cepillos de dientes y peine para pasar la noche.

"Qué dicha que ya llegamos hasta aquí, sin más problemas" le dijo Corina a su marido. "Ya me estaba empezando a preocupar que el bus se recalentara y que nos fuera a dejar botados".

Todos llegaron exhaustos, aunque algunas de las niñas habían dormitado en el bus. Se bajaron en el mismo orden que se habían subido y los adultos chequearon los cuartos en el hotel.

Cada mamá tomó de la mano a las niñas que traía a su cargo, para dormir con ellas. El Hotel Mississíppi era rústico con camarotes en sus habitaciones, donde se acomodaban seis personas en los tres camarotes.

Los adultos durmieron arriba y los más pequeños abajo. Amanda y sus cuatro amigas, que tenían entre trece y quince años, se acomodaron en uno de los cuartos que estaba cercano a la piscina.

A los cuatro jóvenes del Liceo de Costa Rica, se les asignó un cuarto con el doctor y Corina tomó otro cuarto, con las más pequeñitas que iban sin su mamá.

"Lávense los dientes. No se les olvide antes de acostarse poner los despertadores que están en las mesitas de noche. Mañana, el desayuno lo servirán a las ocho en punto en la sala por donde entramos, al lado izquierdo de donde se registraron".

Sin cansarse de darles las instrucciones a las personas que viajaban con ella continuó diciendo "Por favor no se atrasen. Queremos llegar a Tegucigalpa a las seis de la tarde para que puedan descansar y disfrutar un rato de la ciudad" advirtió Corina antes de retirarse, con las niñas, a su cuarto.

Luego, entregando las llaves correspondientes a cada uno de los encargados, entró a su cuarto con Cristina, Yadira, Lucrecia y Xinia, todas entre las edades de siete a diez años de edad.

Al día siguiente, todos estaban puntuales a las ocho, sentados saboreando el delicioso desayuno del hotel; huevos fritos, tostadas con mermelada, café con leche y jugo de naranja para los más pequeños: también, una deliciosa ensalada de frutas de banano, sandía y piña.

Mientras ellos desayunaban, Felipe, el chofer, revisaba el aceite y el agua del autobús para asegurarse, nuevamente, que nada fuera a fallar.

El Doctor fue el primero en subirse al bus, no sin antes palmear a Felipe en la espalda, a la vez que decía "Todo bien, Felipe?"

"Sí señor, con toda la pata; listo para que nos vayamos, cuando usted diga" contestó Felipe mostrando una amplia sonrisa.

Los pasajeros empezaron a subir y Corina volvió a repetir las recomendaciones y recordatorios, sobre todo, hizo énfasis, que no fueran a olvidar nada en el hotel.

"Si nos hace buen tiempo y no llueve, estaremos llegando a Tegucigalpa, como lo planeamos alrededor de las siete de la noche. Pararemos una hora en Choluteca a tomar un refresco, una merienda ligera y para que puedan ir al baño"

Luego, volviéndose al chofer, Corina preguntó "Cómo a cuánto estamos de Choluteca, Felipe?"

"Calculo que a unas seis horas, son las nueve; como alrededor de las tres o tres y media llegaremos a Choluteca" afirmó Felipe con toda seguridad.

Felipe conocía el camino, como la palma de su mano. Había viajado con excursiones a Guatemala y a México varias veces, desde que había empezado a trabajar con la empresa de Miguel Retana y tenía un cálculo preciso de la hora en que llegarían.

"Bueno, pues vamos, a ver muchachos, saquen las guitarras y a cantar se ha dicho" dijo el doctor muy animado.

Cuando el bus se puso en marcha, todos los pasajeros aplaudieron, arrancando con cantos como *La Malagueña, La Media Vuelta, Ojos Negros, Chófer Chófer más velocidad, funiculí funiculá funiculí funiculá, más velocidad...!*

Lejos estaban todos los pasajeros de imaginar que la tragedia se acercaba a ellos, poco a poco y que aquellos cantos alegres, en pocas horas, se convertirían en gritos de agonía y de angustia! La sangre en sus venas, que ahora impulsaba sus voces al cantar, teñirían el autobús de siniestra púrpura y dolor.

El grupo había salido alrededor de las diez de la mañana rumbo a Choluteca, donde pararían, como había dicho

Corina. La distancia era alrededor de doscientos setenta kilómetros y les tomaría casi cuatro horas para llegar, si no habían contratiempos.

"Chófer…chófer más velocidad…" se oían a coro las niñas cantando en medio de carcajadas, la carretera era estrecha y eso le preocupaba a Corina, por eso, de vez en cuando, le decía a Felipe: "Uyyy Felipe, qué carretera más llena de curvas y esos guindos, me dan pánico; maneje con mucho cuidado, por favor"

Felipe la miró sonriendo y le dijo "No se preocupe doña Corina, he pasado por aquí varias veces, me sé la carretera de memoria y no está lloviendo por dicha. Yo voy despacio, tranquila"

Amanda miraba los barrancos y le daba un poco de miedo pero no decía nada para que sus compañeras no le hicieran burla. Con cuidado, sin que nadie la viera ni la juzgara de mojigata, había sacado el rosario de su abuelita y lo llevaba escondido en el puño de su mano izquierda.

El bus iba despacio pero se escuchaba un chillido de los frenos, donde iba bajando, cuesta abajo.

De pronto, todos lo notaron, el bus cambió la velocidad. Los pasajeros se miraron unos a otros y pararon de cantar y de hablar.

El doctor y Corina se levantaron de sus asientos y una de las mamás que iba en las primeras filas gritó "Qué pasa? Vaya más despacio!! Está loco? Esta carretera es muy peligrosa!!".

De pronto se escuchó el grito de la misma señora, quien Amanda reconoció inmediatamente, era la mamá de Elisa, la que gritaba "Dios Mío! nos quedamos sin frenos". Sólo eso se escuchó, el bus agarró una gran velocidad a partir de ese momento y repentinamente cayó en una enorme zanja, lo que hizo que se volcara inesperadamente hacia el frente, ante el pánico de todos los pasajeros.

Los gritos despavoridos de todos en el bus, eran incontrolables. Amanda tomó el rosario que su abuelita le había dado y comenzó a rezar, Padre Nuestro, que estás en los cielos… Santa María Madre de Dios…pero no podía concentrarse.

Los gritos, eran de terror, las niñas pegaban contra las paredes del autobús, algunas salieron expulsadas por las ventanas, en cuenta Amanda, quien quedó inconsciente por unos minutos. Las escenas eran desgarradoras, otros gritaban dentro del bus prensados con los asientos, sin poder moverse.

De pronto, todo quedó en silencio y se oyó, el golpe sórdido del bus, al caer en un sembrado de maíz. Nadie podía auxiliar a nadie, todos necesitaban ayuda y deseaban a toda costa salir con vida de aquel trágico accidente.

Había sangre fuera y dentro del bus. El chofer, milagrosamente ileso, recorría el autobús, tratando de calmar a la gente y de salvar vidas pero todos se resistían a ser tocados. Nadie sabía qué había pasado.

"Roxana, Roxana!! Ya todo pasó" dijo Amanda al volver a la conciencia, mientras sacudía a su querida amiga, quien había quedado inmóvil frente a ella. Roxana no respiraba, Roxana había muerto, su cabeza sangraba y Amanda gritaba sin control, al ver a su amiga ensangrentada y sin vida.

Amanda no sentía su brazo, se lo miraba y parecía que se le iba a arrancar el antebrazo; sangraba por su boca y tenía una herida en su ceja izquierda.

Miraba a su alrededor y oía los gritos de terror de los que habían sobrevivido. Al menos veinticinco cadáveres se encontraban esparcidos en el maizal, donde había caído el bus y donde ella se encontraba, impotente de ayudar a alguien.

"Este es otro sueño, estoy segura! Pronto despertaré y estoy en mi cama, con mis cobijas cubriendo mi cuerpo. Esto es un sueño, nada

más que eso!" pensaba Amanda, tratando de contradecir la realidad que estaba viviendo, en aquel momento.

De pronto, como si alguien la hubiera sacudido fuertemente por sus hombros, volvió en sí y despertó a la cruda realidad que no había podido adormecer sus ojos físicos y la enfrentaba, a lo que ella quería que fuera una pesadilla.

"Doña Corina" pensó Amanda, *"dónde está doña Corina, Dios Mío!"* Como pudo se incorporó y sus ojos tropezaron con los del doctor Ramírez, quien agonizaba en el maizal, desangrándose lentamente por una gran herida en su cabeza.

De pronto, escuchó una voz a sus espaldas "Ayudáme Amanda, por favor, ayudáme" Era la mamá de Elisa quien también agonizaba y moría frente a sus ojos.

No pudo hacer nada para salvarla. No sabía cómo. A sus catorce años no tenía la menor idea como actuar o reaccionar en un accidente de aquel calibre.

Amanda como pudo, se levantó, sosteniéndose su brazo, que en su percepción, estaba a punto de despegarse de su codo y notó que su amiga Carlota había quedado debajo del autobús, cerca de las llantas delanteras.

Milagrosamente estaba bien, con varios golpes en la cara y dolor en una de sus rodillas pero podía caminar.

La vió, valientemente, salir arrastrándose mientras decía: "Amanda, voy a avisar. Tengo que salir a la carretera como pueda para que alguien nos ayude" dijo Carlota, "Ahorita vengo"

Amanda no supo más de ella, cuando despertó, lo hizo en el Hospital de Tegucigalpa, donde, en un camión ganadero habían sido transportados todos los heridos.

Por otro lado, su madre en Costa Rica, pegada a la televisión y terriblemente angustiada, escuchaba las alarmantes noticias de la tragedia, mientras ansiosa esperaba que le avisaran a qué horas salía el avión que llevaría a los padres de familia hasta Tegucigalpa.

Llegando al hospital de Tegucigalpa, Isabel buscó desesperadamente a su hija "Mi nombre es Isabel Campos, soy la mamá de Amanda Reyes, una de las niñas que iban en el autobús que se accidentó; por favor, deme razón de mi hija, tiene que estar en la lista de los que sobrevivieron. Ella no murió. Ya leí la lista de los que fallecieron y su nombre, gracias a Dios, no está ahí"

Isabel, tristemente, con pánico y lágrimas en sus ojos, leía una y otra vez, la lista de los fallecidos entre los cuales, causándole un profundo dolor, leía el nombre del doctor Julio Ramírez y su esposa Corina de Ramírez y veintinueve personas más, entre ellas, tres madres de las niñas y los cuatro jóvenes del Liceo de Costa Rica.

Habían al menos treinta y un personas reportadas como fallecidas pero su hija no estaba entre ellas.

"Su hija está en el Hospital pero no puedo localizarla, usted tiene razón. Ella no falleció. Está reportada como incompleta", dijo uno de los enfermeros que daban la información a Isabel, quien conmocionada por la palabra "incompleta" buscaba a su hija, junto a otros padres que tenían la esperanza que sus hijos hubieran sobrevivido.

La madre de uno de los jóvenes del Liceo de Costa Rica, gritaba desesperada "No, mi hijo no puede estar muerto, noooo!! Esto es una equivocación!!! No, Dios Mío, nooo!! Estoy soñando, tengo que estar teniendo un mal sueño. Esto no está pasando."

Amanda alcanzó a oir los gritos de aquella señora y de pronto recordó su sueño, el bus blanco y rojo que corría sin control.

El sueño se había hecho realidad. El impacto y la impresión de ver tanto cadáver no le permitían gritar pero ahora entendía su sueño con gran claridad.

Su madre la buscaba por todos lados y no la podía encontrar. Amanda había sido transportada a Costa Rica e internada en el Hospital Nacional de Niños junto al resto de los sobrevivientes, mientras su madre en Honduras la buscaba desesperadamente.

Por fin, le llegó la noticia a Isabel que su hijita, había sido transportada con las veintiún niñas que habían sobrevivido, a Costa Rica y eso hizo que Isabel se regresara de inmediato.

El hospital se encontraba atestado de familiares y periodistas de la televisión, radio y prensa de diferentes países de Centro América. Querían entrevistar a los sobrevivientes y cadenas de policías se los impedían. Esto causaba un caos en el hospital y dificultaba a los familiares que pudieran encontrar a sus hijos.

De pronto, Amanda miró a su mamá que la buscaba por todas partes y con una débil, pero firme voz, alcanzó a gritar "Mami, aquí estoy, mami, aquí estoy. Cuando su madre se volteó, al escuchar a su hija, no podía creer lo que veía, Amanda tenía su brazo enyesado, unas bandas alrededor de su frente y unas puntadas en su labio inferior.

"Amanda, mi amor, m´ijita, Amanda! Gracias a Dios estás viva, mi amor" gritaba su madre, abrazada a ella.

Amanda no podía parar de llorar, no podía explicar qué había ocurrido? No quería aceptar, en aquel momento, que había sido protagonista de aquella tragedia que jamás olvidaría, aunque pasaran los años y se convirtiera en una anciana.

Era demasiado impactante para Amanda saber que su querida profesora de ballet había fallecido, era difícil de entender, a sus catorce años que muchas de sus queridas amigas, que minutos antes cantaban con ella, *Chófer…chófer más velocidad!!*, ya nunca más podrían reír, ni gritar ni cantar.

El ballet de doña Corina, ya no se presentaría en Tegucigalpa. Dios había diseñado otro escenario, donde aquellas preciosas bailarinas, dirigidas por su profesora, bailarían entre nubes blancas con vestiduras doradas y alitas en sus espaldas. Las cortinas de oro, adornadas con piedras preciosas y perlas, se abrirían majestuosamente para que el ballet de doña Corina de Ramírez, debutara ante legiones de ángeles y arcángeles que aplaudirían con entusiasmo, en medio de una música que solo podía ser escuchada por ellos.

El debut de aquellas hermosas bailarinas que con gran destreza danzaban, había tomado lugar en el cielo, donde ya no sentían dolor, ni sufrimiento de ningún tipo.

Día de la muerte y luego… nada
Autora: Aracelly Arguedas Wollenweber
(sobreviviente del accidente)

Un sabor amargo y áspero maltrata mi boca
mi mente confusa está…
El solo recordar atormenta mi ser
pero qué importa,
si únicamente por el pasado vivo
pensar que con ilusión indescriptible
esperaba ese día frío y oscuro
calentado luego con la sangre derramada.
Es imposible olvidar pues
el subconsciente me lo impide.
Recuerdo la mirada comprensiva de doña Coralia
la generosidad del doctor
las voces cándidas de mis compañeras
y la caballerosidad que demostraron los jóvenes
tratando de amparar a las niñas indefensas.
En ese día todo a un tiempo
convirtiéndose en amor y dolor,
en llantos y suspiros que llevó el viento,
en muertos y féretros que recibió la tierra.

¿Diay qué mae? ¿Pura vida?   Sonia B. F. Arias

Recuerdos de la tragedia
(Fotos originales de la prensa costarricense, aportacion de Grettel Cordero y Mercedes Segura)

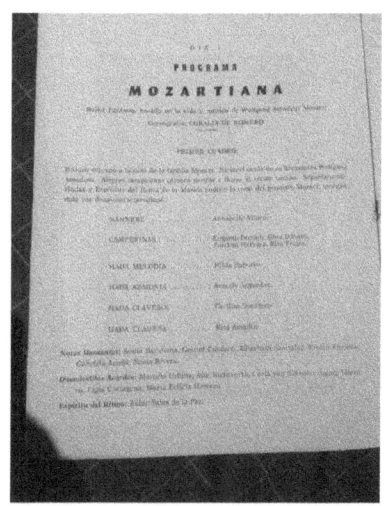
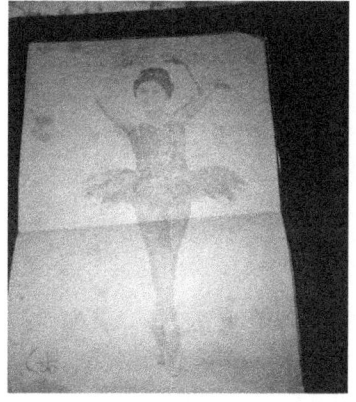

Vocabulario Popular Entre Los Ticos
A
Acusetas: Echar al agua a los demás.
Arrojar es vomitar
Atollar involucrar
Achará lástima
Argolla un grupo cerrado de gente
Alcahueta es una persona permisiva
Acuantá hace un rato
Agazapado: Estar escondido, esperando una oportunidad.
Aguado: Lo que pierde su densidad.
Agüisote: una manera de atraer buena suerte.
Airiado: Que se enfermó por haberse airiado.
Alentado: Alguien que está bien de salud
Anonas: La condición de decir es tonto.
Apaliado: Se le nota en la cara cansancio.
Apear: Bajarse de algún lado.
Atarantado: Que hace las cosas rápido sin cuidado.
B
Babosada: El decir algo tonto.
Bejuco: Enredo, un colocho.
Bañazo: una verguenza
Birra: una cerveza
Bote: la cárcel
Brete: trabajo
Bochinche: Algo ruidoso.
Botaratas: Alguien que gasta fácilmente el dinero.
Buchón: Que quiere todo
Burumbún: Un escándalo.
C
Cachazudo: Demasiado tranquilo.

Choza: la casa
Chunches: cosas variadas
Churuco: un tema repetitivo
Corrongo: medio guapo
Cuadra: Acción de gustar
Chaineado: Bien arreglado
Chancesito: Una oportunidad
Cachimba: Cuando a alguien se le colma la paciencia.
Chichí: Un bebé
Chiva: Muy bueno
Chorizero: Que hace negocios turbios
Charita: Qué lástima
Canillera: Que le tiemblan las canillas por algún susto.
Catizumba: Es numeral, es un montón.
Chambón: Torpe todo lo hace de mala gana.
Champulón: Alguien grandote.
Chingue: Molestar, vacilar
Chirote: Contento.
Chorpa: La cárcel.
Chuchinga: Miedoso, pendejo, el que le pega a las mujeres.
Cotona: Una camiseta muy larga.

D

Delicuitas: Alguien que es muy delicado.

E

Empunchado: Esforzado.
Encachimbado: Enojado.
Encaramado: Subido.
Entorototado: Alborotado empecinado en algo.
Escarmenar: Ordenar el pelo
Esmorecido: No puede parar de llorar
Estrilado: Sin dinero
Escocer: Una herida que arde.

Enjachado: De mal humor.
Estripar: Aplastar
F
Fachento: Presumido, y hace alusión al vestido.
Farusca: Pura paja, chismoso
Furris: algo que no es óptimo
Fuercearla: Haga el intento.
G
Gorrear: Ganarle a alguien con diferencia grande
Gruperas: Los calzones.
Guamazo: Golpe.
I
Íngrimo: Solo
J
Jetón: Mentiroso, exagerado.
Jumao: borracho
Jacha: la cara
Jamón: un buen trato
Jaleas: acción de irse
Jetón: que habla más de lo que debe
Juan Vainas: Cualquier hombre no importante
Jugársela: Tomarse el riesgo
Jeteando: deambulando, engañando.
Jalarse: Irse
Jalar: ser novio o novia
Juepucha: Que barbaridad
Jorobando: Molestando
Jupón: terco, empecinado
L
Lelo: Tonto
Leva: alagando a alguien

Lipidia: No tener dinero
Lullido: Desgaste de tela.

M

Máe "maje" cualquier tipo.
Malmatarse: Caerse y darse un mal golpe.
Mamulón: Niño o joven grande o robusto
Mayarse: Marchitarse.
Meco: Golpe.
Media teja: cincuenta pesos
Molote: un grupo de gente emproblemada

Ñ

Ñangazo: un mordisco

O

Ostinado: Aburrido, harto

P

Pal tigre: Enfermo
Paca: La policía
Palmó: Alguien se murió
Pepiado: Enamorado
Pinta: Un hombre de mala apariencia

R

Roco: viejo
Raspando: apenitas

S

Sorompo: Medio tonto
Safarse: escaparse
Saperoco: pleito
Sea tonto: Como se le ocurre

T

Tigra: Pereza
Troleando: caminando
Toque: un momento
Tanate: un problema grande

Tapis: un alcohólico
Tirititando: muriéndose de frío
V
Vaina: un asunto complicado
Vacilando: bromeando
Y
Y diay?: Que pasó

El tico vive la vida a su manera

El tico no se desilusiona, se desinfla.
El tico no se desintoxica, se quita la goma.
El tico no juega de rico, se las tira.
El tico no juega futbol, juega mejenga.
El tico no se deprime, se achanta.
El tico no descansa, la parguea.
El tico no se arrepiente, se jala las mechas.
El tico no es un individuo, es un máe.
El tico no le da catarro, le da moquera.
El tico no es delicado, simplemente no aguanta carga.
El tico no choca, se estrella.
El tico no grita, se desgalilla.
El tico no camina, se va a pata.
El tico no corre, sale disparado.
El tico no queda debiendo, amarra el perro.
El tico no toma café toma yodo.
El tico no se emborracha, se juma.
El tico no se enoja, se cabrea.
El tico no tiene mala suerte, es salado.
El tico no es suertero, es arrecho.
El tico no es avaro, es pinche.
El tico no es cristiano, es pandereta.
El tico no exagera, habla paja.
El tico no es engreído, es un rajón.
El tico no se golpea, se da un huevazo.
El tico no sufre de diarrea, sufre de pringa pie.
El tico no es odioso es un juegue vivo.
El tico no se equivoca, la caga.
El tico no es chismoso es un sapo.

El tico no toma siesta, se rulea.
El tico no ríe hasta más no poder, se caga de la risa.
El tico no toma, traga.
El tico no es infiel, es un perro.
El tico no tiene novia, jala con una cabra.
El tico no escupe, tira una cuecha.
El tico no te deja plantado, te deja mamando.
El tico no es un tipo alegre, es un tipo pura vida.
El tico no tiene dinero, tiene plata.
El tico no hace algo muy bien, se pule.
El tico no se viste elegante, se catrinea.
El tico no se encapricha se enchicha.
El tico no es un anciano es un roco.
El tico no se pelea, se agarra.
El tico no reclama, alza clavo.
El tico no se entusiasma, se entotolota.
El tico no corre, sale soplado.
El tico no se casa, se hecha la zoga al cuello.

Refranes costarricenses

A mal tiempo, buena cara.
A palabras necias, oídos sordos
A lo hecho, pecho.
A caballo regalado no se le ve el colmillo.
Al que le cael el guante que se lo plante.
Al que madruga Dios lo ayuda.
A uno que madruga, otro que no se acuesta.
Aunque la mona se vista de seda, mona se queda.
De tal palo tal astilla.
Donde hubo fuego, cenizas quedan.
El que con lobos anda a aullar aprende.
Dime con quien andas y te diré quien eres.
En casa de herrero cuchillo de palo.
El que nació para maceta del corredor no pasa.
El que nació para tamal, del cielo le caen las hojas.
El que busca, encuentra.
El que tiene boca, a Roma llega.
El que se va para Limón, pierde su sillón.
No hay peor sordo que el que no quiere oir.
Es más facil que pegarle un chonetazo a una lora.
Está más perdido que el chiquito de la llorona.
Es más delicado que yigüirro con tosferina.
Ya que la hizo negra, hágala trompuda.
Hierba mala, nunca muere.

El que a hierro mata, a hierro muere.
Hierba mala, nunca muere.
El que compra lo que no ha de menester, el diablo se ríe de él.
La suerte de la fea la bonita la desea.
Tanto va el cántaro a la fuente, que se rompe.
Más vale pájaro en mano que cien volando.
Mas vale lo Viejo por conocido que lo nuevo por conocer.
Mas sabe el diablo por viejo que por diablo.
No dejes para mañana lo que puedes hacer hoy.
Nunca digas de esta agua no beberé.
Agua que no has de beber, déjala correr.
Ojos que no ven, corazón que no siente.
Perro que come huevos ni quemándole el hocico.
La curiosidad mató al gato.
Un clavo saca otro clavo.
El haragán y el mezquino anda dos veces el camino.
El que busca encuentra.
No hay mal que por bien no venga.
En guerra avisada, no muere soldado.
El que a buen árbol se arrima, buena sombra le cobija.
El que a solas se rie, de sus maldades se acuerda.
Nadie juzga lo que por si no pasa.
Al pan pan, vino, vino.
Hijo de tigre sale pintado.
Lo barato sale caro.
Al que le duele la muela se pone el taco.

El polómetro tico 2014

Debido a los grandes cambios de la realidad nacional, el polómetro se ha renovado y ha adquirido nuevos vocablos y tendencias, especialmente analizadas para nuestros tiempos. No es nada personal, solo reflexione un ratito y piense por un momento que tan polo soy yo?
A continuación, una serie de parámetros para que se autocalifique:
(Duración de la prueba, aprox.: 15 minutos)
(Anótese un punto por cada respuesta afirmativa)

Sección 1
El polo y el lenguaje...
Le agrega la letra "s" a todas las palabras, dijistes, prestastes, vinistes...
Dice "compac dics" (CD's) en lugar de compact disc?
Les dice "joc dots" a los Hot Dogs, o "sangüiches" a los sandwiches?
Utiliza frases tales como "más sin embargo"y "su carro de él"
Le dice "confleis" a cualquier tipo de cereal?
Les dice "pipiris nais", o "de la jai" o "popof" a gente adinerada?
(Doble puntaje si es uno de ellos)
(Triple puntaje si es un limpio y juega de pipi)
Los nombres de sus amigos son: Wendy, Jonathan, Irving, Edwin, Kevin, Susi, Jennifer, Mitzy, Sullay, Harold?
(Doble puntaje si tiene un familiar con algún nombre similar)
(Triple si el suyo es así)
Cuando ve a alguien bien vestido le dice que anda "Diay porqué anda tan chaneado?"

Piropea a grito pelado y usando frases de reggaeton?

Sección 2
El polo y las fiestas...
Grita "ea, ea, ea, ea" cuando alguien pasa al centro a bailar? (Doble puntaje si el que va a bailar es usted) (Triple si en el suelo pone una botella).
Prende los cigarrillos con las candelas de los centros de mesa?
(Doble puntaje si se roba los centros de mesa).
Cuando pasa la cámara "le dice adios"?
Bailó "Tiempo de vals"de Chayanne en sus quinciaños?
Bailó "Amor del Bueno" en su boda?
Siempre aplaude después de que toman la foto? (Doble puntaje si pide que le manden la foto para subirla al Facebook).
Saluda al mae de la entrada del bar?
(Doble puntaje si lo saluda mientras el mae lo requisa y lo enjacha)
Se come todo lo que le sirven en las fiestas?
(Doble puntaje si pide que le guarden algo 'para llevarle a los chiquitos).
Algún familiar suyo o usted mismo hizo el baile del billete en la boda?
Su idea de menú para una actividad familiar es arroz con pollo, ensalada de repollo (o caracolitos), frijoles molidos y Papi Tosty arriba?
En la fiesta de un familiar han dado tacacos o pejibayes con mayonesa, marsmellows con leche condensada y coco, o bien tricopilias con queso?
Come chop suey o arroz cantones en Zapote o cualquier otro turno?
Celebra su cumpleaños en Taco Bell?
(Doble puntaje si le cantan)

(Triple si pide postre gratis)
Prohíbe que retiren las botellas de cerveza o licor de la mesa del bar para demostrar 'todo lo que toma'?
Lo llaman por su nombre los saloneros de El Tobogán o Garibaldi?
Fue a bailar a Tica Linda, El Tobogán o Studio 54?
Raja con sus amigos de todas las veces que ha ido a D'Pelufos, y de que su favorita es Violeta?
(Si ha ido a Pucho's póngase tres puntos por playo).
Compra cerveza en la licorera y se va a tomarla en las afueras de los bares de Escazú/Santa Ana?
Doble puntaje si se queda hablando con el guachimán).
Le gusta cantar en karaoke?
(Doble puntaje)
Si ha cantado "Mujeres divinas", "Santa Lucía" "El Arbolíto" o "Juan Charrasqueado"
Triple si ha ido al programa "Sin Complejos", Cuádruple si cantó por teléfono,
Cinco puntos si cantó en Inglés.
Ha asistido a alguno de los siguientes bares: Tavarua, Caccios, Terra U, Vaquero, Hooligan's, Tragaldabas etc?
(Doble puntaje si se ha embriagado en exceso) (Triple si es mujer y fue a ver un ladies night).

Sección 3
El polo y la mesa...
Se come el huevo con tortilla aplicando la técnica "del pellizquito"?
Se limpia los dientes con aspiraciones de lengua y saliva?
Cuando avisa que va a comer dice: "me voy a echar un gallito" o "ya es hora de monchar"?
Se toma el juguito de las cebollas cuando está en Rosti

Pollos?
Antes de comer pide tortillas y se hace gallos de sal?
Le gusta la flor de itabo envuelta en huevo?
En semana santa compra 10 latas de atún, para ayunar, pero ahí mismo se lleva 10 bombillos Cacique, "por si aca"?
Hace fideos y al otro día -para no botarlos- hace tortas de fideos con huevo?
Come chuzos de carne en turnos o en el estadio?
En KFC, pide una bolsa de papel para llevarse los huesos de pollo?

Sección 4
El polo y su hábitat...
Lee La Extra?
Compra la teja y apenas la tiene en sus manos lo primero que hace es ver la página de atrás?
(Doble puntaje si se enoja por que la 'modelo' está muy fea)
(Triple puntaje si las guarda).
Todavía usa papel de regalo de ladrillos en el portal? (Doble puntaje si lo recicla).
Pega en su cuarto los pósters de TV novelas? Eres? Tu?
(Doble puntaje si pega los de la Tele Guía)
(Triple si pega los de Tía Zelmira).
Pega los jabones cuando se van a acabar?
Mezcla el shampoo y el acondicionador en una sola botella para 'ahorrar espacio?
Se roba toallas, jabones, ceniceros y directorios de los hoteles?
(Doble puntaje si son de moteles).
Tiene una vitrina con recuerditos de bodas, bautizos, quinceaños, u otros?
Forra usted el inodoro con piezas de peluche?
(Doble puntaje si tiene un cobertor del mismo peluche con orejas de perro para el papel higiénico)

Tiene en la sala de su casa cualquier adorno de yeso como un perro, elefante, bailarina, ningüenta, etc. ?
Pone saniodor en las gavetas de la ropa para que huela?
(Dobla puntaje si lo que pone son toallas sanitarias con olor a manzanilla)
Tiene en su casa una Santa Cena en retablo con reloj incluido, en la pared del comedor?
(Doble puntaje si la Santa Cena es de pana).
Los muebles de la sala de su casa están forrados con plástico transparente para que la tapicería no se ensucie.
Tiene la sala o comedor de su casa decorada con un cuadro de unos perros jugando poker, fumando y tomando guaro?
Tiene tapada la licuadora con cobertor de una muñeca con trenzas?
Deja el shampoo, acondicionador, rasuradora, jabón, piedra pómex y demás artículos en la ventana del baño?
(Doble puntaje si la ventana da a la calle)
Vive en Cartago?
Doble puntaje si vive en el Guarco o Taras.

Sección 5

El polo y el espectáculo...

Va al cine Metropolitan?
(Doble puntaje si ha llevado a su novia).
Aun ve TV mejenga?
(Doble puntaje si ha ido al programa)
(Triple puntaje si participó en algún concurso).
Ve Sábado Feliz?
(Doble puntaje si está enamorado de alguna modelo)
(Triple si ha ido)
(Cuádruple si ha participado)

(Quíntuple si está enamorada de Mauricio Hoffman)
Vio 'A todo dar'?
(Doble puntaje si lloró cuando lo quitaron)
(Triple si alguna vez llamó para concursar) (Cuádruple si asistió al programa)
Conoce la vida de los artistas y se refiere a ellos con familiaridad... Mau, el Silva, Maricruz, Pilo?
Grabó el festival de la luz para subirlo a youtube?
Está consternado con el caso Parmenio?
Fue de los que se indignaron con el cura de Tibás por la muerte de Camila?
Piensa que Marylín Gamboa es una gran presentadora?
Vio Bailando por un sueño?
(Doble puntaje si recuerda los nombres de los participantes)
(Triple si llamó para votar)
(Cuádruple si hizo el 'casting')
Mete pop-corn hecho en casa, o Meneitos y Coca Cola comprados en el Mega Super al cine, en la cartera de su novia?
Aplaude en el cine cuando ganan los buenos?
Se agarra junto con sus amigos de las manos cuando entra al cine (para no perderse)?
Estuvo enamorada del Puma?
Tiene el disco de 'un movimiento sexy' y sabe cómo bailarlo?
Vio Pasión de Gavilanes?
(Doble puntaje si vio todos las tonteras que pasó Repretel)
(Triple si compró el disco)
(Cuádruple si tiene un poster)
Le gustaban los 'Bastris bois', 'En Sinc', 'Faif', 'Britni Espiers' y otros?
(Doble puntaje si tiene el disco)
(Triple si tiene posters en el cuarto)
Lloró cuando se separaron los Magneto?

Cree que 7 Estrellas y En Vivo son programas muy buenos?
Tiene algún CD de Tapón o Banton y Ghetto? (Doble puntaje si los conoce personalmente)
(Triple puntaje si ha ido a algún concierto)
(Cuádruple puntaje si tiene usted algún parentesco con ellos).
Escucha Omega Estereo?
(Doble puntaje si tiene 40 años y todavía escucha 103).
Ha enviado saludos en 'Concierto para enamorados'? (Doble puntaje si pidió la canción 'Pequeño gran amor' de Claudio Bagglioni).
No se pierde 'La Pensión'?
Le gusta meterse a las corridas de toros?
    Doble puntaje si va de torero improvisado).
Tiene el calendario de Maribel Guardia o Vica.
Recuerda haber visto el 'reality show' de las Chicas Buba?
Le gusta el reggaetón?
(Doble puntaje si lo baila)
(Triple si tiene un disco de Lorna, Don Omar, Daddy Yankee u otro)
(Cuádruple puntaje si ha ido a algún concierto)
(Quíntuple si fue al concierto que hizo Don Omar en Alajuela)
(Seis puntos si cree que el reggaetón es un género musical).
Ha escuchado al grupo Miramar, Nelson Ned, Leonardo Favio, Leo Dan, La Sonora Santanera, Julio Jaramillo, Grupo Brindis u otro similar?
Hecho insólito: Vio Rebelde Way y está ahora viendo Rebelde?
(Doble puntaje si le gusta el grupillo RBD),
(Triple si canta las canciones)(
Cuádruple si está esperando que vengan a Costa Rica para ir a verlos).

Sección 6
El polo y el transporte...

Come pollo o papitas fritas en el bus?
Le pone neón por dentro al carro?
Le pone camisetas a los asientos del carro? (Doble puntaje si le dejó los plásticos).
Del espejo retrovisor siempre cuelga un CD? (Doble puntaje si es un disco quemado!!!)
Tiene animalitos con cabeza de movimiento sobre el dash?
Trae un Plastigel y un peine en la guantera ?
Tiene su carro una visible y olorosa 'Chica Fresita'?
Le ha puesto a su carro una calcomanía de No Fear, Bad Boy, Oakley o similar...?
(Doble puntaje si le agrega calcomanías de Nos, Momo u otros)
(Triple si la calcomanía es de un rasta flaco fumando mecha).
Posee un carro Hyundai Excel, Elantra, Accent o similar decorado al estilo 'Fast and Furious'?
Escribe en los asientos de los buses: Víctor x Laura, love forever.. o alguna otra estupidez?
Pone su I pod a todo volumen en un bus para que los demás sepan que tiene uno?
Se saca los mocos en los altos o semáforos?
Se ha apretado en un carro parqueado en el Parque de la Paz?
Se pone a picar en la Intersección de Guadalupe, antigua Gallito?
(Doble puntaje si su carro es un Hyundai)
(Triple puntaje si le puso roncador y Turbo de mentira)
(Cuadruple puntaje si lleva la ventana abierta y el radio hasta la jeta escuchando reggaeton).

Sección 7
El polo y la moda...

Si es mujer, usa camisetas que dicen: sexy girl, sexy, roxy o baby?
Se va a la playa en shorts con zapatos negros sin medias? (Doble puntaje si es el que carga la hielera).
Se tapa la nariz cuando se tira a la piscina .....y se mete con shorts, camiseta, y se pone crema Nivea en la nariz ? (Doble puntaje si usa lentes)
(Triple puntaje si usa naricera).
Se sale a hablar en inalámbrico a la acera de su casa sin camisa?
Si es mujer usa zapatillas blancas con jeans?
Le gusta la ropa de 'Versash'?
Usa los boxers como pantalonetas?
Trabaja todo el año para invertir su aguinaldo en un abrigo o jacket de marca Nautica o Tommy, cuya marca es más grande que la misma jacket?
Compra su ropa en Carrion?
Usó aretes hechos con clips de colores?
Cree que la ropa fosforescente está de moda?
Alguna vez se ha puesto una camiseta del Chapulín Colorado, Supermán o Bob Esponja?
(Doble puntaje si usa ropa interior de Bob Esponja o las Chicas Superpoderosas).
Se pinta figuritas en las uñas (flores, palmeras, caritas...)?
(Doble puntaje si lo hace en las uñas de los pies para mostrarlas en la playa).
Se pone de nuevo unas pantys con un carril que le sale desde las nalgas y lleno de brillo de uñas?
Tiene usted un diente de oro?

Tiene un dije o esclava con su nombre?
Usa las cadenas por fuera de la camisa?
(Doble puntaje si utiliza cadenas a lo Mr. T. (de 'Los magníficos'). (Triple si usa un dije con el signo de dólares).
Ha usado o usa colonia Acero?
(Doble puntaje si ha usado también Ronin).
Usa más de dos aretes en cada oreja?
(Doble puntaje si es hombre).
Anda un dollar en la billetera?
Usa calzoncillos Olympo crown?
(Doble puntaje si los usa para bañarse en las piscinas)
Anda con la camisa casi totalmente desabotonada para que vean su pecho velludo?
Usa corbatas con figuras de Taz, Bugs Bunny u otra caricatura?
Usa el peinado tipo Juan Carlos Arguedas (antes de Soho), el Chunche o Wilmer López?
Usa mohawk falso?
Alguna vez se ha aplicado desodorante delante de la gente?
(Doble puntaje si es profesor y lo ha hecho delante de los estudiantes).
(Triple puntaje si usted es moreno (tirando a negro) y ponerse lentes de contacto verdes o azules!)

Sección 8
El polo y la tecnología...

Se cuelga el celular a la vista?
(Doble puntaje si lo programa para que las luces se mantengan encendidas)
Su celular tiene un timbrado de alguna película, serie de televisión, canción famosa o música clásica? (Doble puntaje si es un mp3)
Tiene un celular de mentiras?

(Doble puntaje si era una caja de chicles)
(Triple puntaje si lo usa en la calle).
Tiene un celular que vale 4 meses de salario?
(Doble puntaje si lo sacó con un préstamo de Importadora Monge)
(Triple si lo asaltaron y se lo quitaron).
Deja el celular encendido en el cine, y cuando lo llaman dice durísimo: "Aló!!! Gerardo!!! Mae, no puedo hablar, estoy en el cine..."?
El fondo de pantalla de su computadora es de Vica Andrade, Ricky Martín o aún más ridículo, Guiselle López o Mauricio Hoffman?
Su nickname del Messenger es algo semejante a "Papucho" o "HotChick:?
(Doble puntaje si el login de su correo también)
No sabe lo que es el Messenger?
(Triple puntaje si no sabe o no ha usado una computadora).
Todavía usa diskettes?
Baja mp3 de Los tigres del norte, Selena o Erick León y la Jungla'?
(Doble puntaje si baja los videos, también)
(Triple puntaje si los busca en youtube)
No sabe lo que es youtube?
Busca porno en la oficina?
(Doble puntaje si usa youtube).
Es asiduo colaborador de los foros de TicoRacer? (Doble puntaje si sube fotos del carro).
Pone fotos suyas sin camisa en Facebook, o en bikini si es mujer.
(Doble puntaje si tiene toda una galería suya medio chingo),
(Triple puntaje si las fotos se las tomó usted mismo)
(Cuádruple si su perfil está todo pimpeado y lleno de videos y slideshows).
Agrega gente desconocida en Facebook, solo para tener más

visitas y ser más famoso?
Alguna vez ha enviado -aunque sea por error- mensajes de texto de su celular al teléfono de la casa de un amigo?
Ahorra toda su vida para comprarse una portátil que ni sabe para que la tiene y la anda hasta cuándo va a cagar?
(Doble puntaje si la usa solo para oír música)
(Triple si la tiene hasta la jeta de videos porno)

Si quiere saber si usted es un "polititico sin remedio" averiguelo ahora. La puntuación es la siguiente:

De 0-10 puntos:
En realidad usted es una persona que no sabe lo que pasa en Costa Rica, de hecho, es un antisocial que no tiene ni amigos, pero al menos se ha salvado de ser un polo

De 11-25 puntos:
Acéptelo, usted es medio polo, se le salen los "haigas" de vez en cuando, de fijo se mete al toldo People en Zapote a ver a cual rica arrima, o le dio miedo ver a Flor Urbina metida en un redondel; pero a pesar de todo, aún tiene salvación.

De 26-40 puntos:
Usted es un polo en palabras mayores. Es probable que tenga su cuarto forrado con posters de swing brasil y una playboy escondida debajo
del colchón; su humorista favorito es el Porcionzón y no se pierde un solo Chinamo en diciembre. Tranquilo, quédese así, ya usted no tiene salvacion...

Permítame decirle que usted es un "gran polo" si se apuntó en total mas de 41 puntos en todas las secciones.

¿Diay qué mae? ¿Pura vida?   Sonia B. F. Arias

Si naciste y viviste en Costa Rica…

En tu casa servían spaguetti con arroz.
Algún familiar o usted mismo aplaudió cuando el avión aterrizó.
Tomó agua de tubo.
Chupó los huesos de pollo.
Usted o un familiar se afeitó con jabón.
En un baile de salsa o merengue cantó la canción.
En su casa habían revistas de Vanidades.
Pedía un pedazo de queque envuelto en una servilleta en los cumpleaños.
Su mamá lo empujaba en las piñatas para que agarrara mas confites.
En su barrio habían papalotes enredados en los cables de luz y un par de tenis.
Desayunaba comida recalentada.
Salía a la Pulpe en chancletas
Le encantaba la leche Pinito.
En su casa tenían el papel higiénico forrado en crochet o lana.
Juntaba varios jabones y hacía una bola con todos.
Conoció alguien que usaba leche magnesia como desodorante.
Lo frotaron con zepol o manteca de chancho con sal.
Alguna vez comió sopa de tortillas con frijoles.

Le empaparon alguna vez su cabeza con agua florida.
Metía el pan con mantequilla en el café con leche
Fue alguna vez a un concierto con chapas cambiadas de refresco.
Partía las servilletas de papel en dos.
Decía que no hablaba inglés pero que lo entendía.
Llevaba la comida al trabajo en cajas plástica de Numar.
Por lo menos hay un nombre gringo en su familia.
Guardaba los frascos de jalea para usarlos como vasos.
Conoció un perro que se llamaba Rocky o Godzilla.
Le decía la Yunai a los Estados Unidos.
Recargaba las pilas metiéndolas en la refrigeradora.
En las fiestas familiares hacían arroz con pollo.
En las fiesta de la alegría le regalaban una manzana.
En su casa solo comían uvas para navidad.
Se colaba en los quinceaños de las chiquillas fresas.
Alguien en su casa ponía el equipo de sonido a todo volúmen y abría la puerta.
Alguien de su familia iba a Ojo de Agua los domingos y se llevaba la grabadora al hombro.
Alguien de su familia se metía el cepillo de pelo en el bolsillo de atrás del pantalón.
Alguien tocaba la puerta de su casa para que se apuntara en una rifa.
Alguna vez se encontró un borracho acostado en el corredor de su casa.
Alguna vez comió huevo duro con caldo de frijol.
Se subía a los palos del parque de Alajuela a robarse los mangos verdes.

Algun familiar o usted mismo se fue guindando en la puerta del bus o la "cazadora".

Alguien en su familia alguna vez se llevó los cubiertos del restaurant o de la boda a la cual fue invitado.

Alguien que usted conoce se hospedó en un hotel y se robó las toallas del baño.

Alguien que usted conoce lavaba las suelas de las tennis para que parecieran nuevos.

Su mama le puso mantequilla en la frente cuando se le hizo una chichota.

Algun familiar se metió a la plaza de toros de Zapote.

Cuando le hablaban de Suiza se acordaba de Heidy y el abuelito.

Compró dólares en la esquina del Banco Central.

Le gustaban los helados de natilla en palito.

No se perdía los turnos de su pueblo.

Sección de historia y geografía de Costa Rica

En esta sección incluyo alguna información de los principales ríos de Costa Rica.

También en este libro se incluyen los cantones de las siete provincias.

Los parques nacionales, los volcanes y las playas más visitadas y hermosas de nuestra querida Costa Rica.

Para no dejar la historia a un lado, también decidí incluir los nombres de los Presidentes de Costa Rica desde el primero hasta el último.

Presidentes electos e interinos de Costa Rica

José María Alfaro Zamora 1843-1847
José María Castro Madriz   1847-1853
Juan Rafael Mora Fernández 1853-1859
Jose María Montealegre Fernández 1859-1863
Jesús Jiménez Zamora   1863-1866
José María Castro Madriz 1866-1869
Jesús Jiménez Zamora 1869 derrocado en 1870
Bruno Carranza Ramírez 1870
Tomás Guardia Gutierrez 1870 – 1872 -1876
Aniceto Esquivel Sáenz 1876 derrocado 1876
Vicente Herrera Zeledón 1876-1877
Tomás Guardia Gutiérrez 1877-1882
Saturnino Lizano Gutiérrez 1882
Próspero Fernández Oreamuno 1882 – 1885
Bernardo Soto Alfaro 1886-1890
Carlos Durán Cartín 1890
José Rodriguez Zeledón 1890-1894
Rafael Yglesias Castro 1894-1898-1902
Ascensión Esquivel Ibarra 1902-1906
Cleto González Víquez 1906-1910
Héctor Jiménez Oreamuno 1910-1914
Alfredo González Flores 1914-1918
Federico Alberto Tinoco Granados 1918-1919
Juan Bautista Quirós Segura 1919-1923

Francisco Aguilar Presidente Provisional
Julio Acosta Presidente electo en 1923
Héctor Jiménez 1924-1928
Cleto González Víquez 1928-1932
Héctor Jiménez Oreamuno 1932-1937
León Cortés Castro 1937-1940
Rafael Angel Calderón Guardia 1940-1944
Teodoro Picado Michalski 1944-1948
Santos León Herrera 1948 (presidente interino)
José Figueres Ferrer 1948-1949
Otilio Ulate Blanco 1949-1953
José Figueres Ferrer 1953-1958
Mario Echandi Jiménez 1958-1962
Francisco Orlich Bolmarcich 1962-1966
José Joaquín Trejos Fernández 1966-1970
José Figueres Ferrer 1970-1974
Daniel Oduber Quirós 1974-1978
Rodrigo Carazo Odio 1978-1982
Luis Alberto Monge 1982-1986
Oscar Arias Sanchez 1986-1990
Rafael Angel Calderón 1990-1994
José María Figueres Olsen 1994-1998
Miguel Angel Rodríguez Echeverría 1998-2002
Abel Pacheco de la Espriella 2002-2006
Oscar Arias Sánchez 2006-2010
Laura Chinchilla Miranda 2010-2014
Luis Guillermo Solís 2014-2018

Volcanes de Costa Rica

Arenal
Irazú
Miravalles
Barva
Orosi
Rincón de la Vieja
Platanar
Tenorio
Turrialba

Ríos de Costa Rica

Los ríos de Costa Rica se dividen en tres vertientes según donde desembocan.

Vertiente del Norte	Vertiente del Caribe	Vertiente del Pacífico
Colorado	Suerte	Tamarindo
Chirripó norte	Tortuguero	Nosara
Zarapiquí	Reventazón	Tempisque
Toro Amarillo	Parismina	Bebedero
Sucio	Jiménez	Cañas
Arenal	Atirro	Corobicí
San Carlos	Pejiballe	Tenorio
Platanar	Orosí	Cañas
Peñas Blancas	Pacuare	Salto
Arenal	Matina	Liberia
Tres Amigos	Chirripó	Colorado
Pocosol	Duchi	Abangares
Frío	Banano	Lagarto
Sabogal	Sixaola	Guacimal
Celeste	Yorkin	Aranjuez
Zapote	Uren	Barranca
Niño		Jesús María
Zagua		Grande de Tárcoles
		Virilla
		Parrita
		Naranjo
		Savegre
		Térraba
		Coto Brus
		General
		Chirripó Pacífico
		Sierpe
		Coto Colorado

Playas más visitadas en Costa Rica

Playa Manuel Antonio

Playa de arena blanca ubicada en el pacifico central. Hay tres playas pequeñas que se ubican en el Parque Nacional, lo cual hace que se combine bosque tropical lluvioso con arena, sol y mar.

Playa Real

Ubicada en el Pacifico Norte, una de las ultimas zonas donde hay varias playas vírgenes e inexploradas, entre ellas playas minas, honda, pelicano y playa real. Esta playa se encuentra rodeada de Bosque Tropical Seca y un refugio de bosque aledaño

Playa Cocles y Puerto Viejo

Estas playas así como Manzanillo, son playas caribeñas, rodeadas de bosque siempre vede, cocoteros, esteros y una densa vegetación siempre verde. El Caribe es una de las zonas más húmedas del país, y sus playas casi siempre son pequeñas, de arena blanca y rosada y siempre rodeadas de sombra y vegetación exótica.

Playa Puerto Vargas

Puerto Vargas es una playa caribeña que se encuentra dentro del Parque Nacional Cahuita. Resalta la vegetación tropical y la belleza de la playa. Ideal para visitar y descubrir naturaleza.

Playa Santa Rosa

Ubicada en el Parque Nacional Santa Rosa, esta extensa y desolada playa resalta por la Roca que le da el nombre a la playa, Roca Bruja. Esta formación rocosa sale del mar frente a la playa y hasta una altura de 115 metros. Además, Santa Rosa ofrece 45000 hectáreas de bosque Tropical Seca protegido.

Playa Conchal

Playa Conchal en Guanacaste posee la arena más blanca del país, es de unos 1.2 kilómetros de largo, y resalta porque su arena está constituida por pequeños fragmentos de concha.

Playa Mal País

Esta playa virgen y desolada zona al sur de Guanacaste,

resalta por sus playas con almendros, vegetación, y sobre todo por estar siempre deshabitados y con muy pocos visitantes. Es una zona extremadamente bella. La zona vive en la era del Surf y Eco Turismo.

Playa Montezuma

Se considera la zona hippie del país. Un pequeño pueblo con varios Hoteles y restaurantes. Sus playas son pequeñas, rodeadas de rocas y tiene una características singulares que las hacen ser diferentes a las demás. Es también una zona muy bella desde el punto de vista natural.

Playa Grande

En el centro de Guanacaste, esta playa es una zona protegida famosa por el desove de tortugas. Su arena es blanca, sin embargo no posee muchas zonas de vegetación y sombra. Ideal para practicar y aprender a surfear.

Playa Flamingo

Fue una de las primeras playas que se destinó al turismo. Posee una arena muy blanca, además de tener una infraestructura turística muy desarrollada. Ideal para pasar una tradicionales vacaciones de playa.

Playa Guiones

Ubicada en Guanacaste centro, playa Guiones es una de las más bellas playas e Costa Rica. Es extensa y posee una arena blanca. Sus aguas son ideales para practicar el surfing también.

Playa Ocotal

De arena negra, esta playa es ideal para

las actividades acuáticas como el buceo, la pesca y el snorkeling.

Playa Buena

Pequeña playa de arena marrón con aguas muy tranquilas ideal para bañistas.

Playa Hermosa

Una playa muy bella, con aguas muy tranquilas. Es una bahía con varias actividades externas, con ambiente nativo y tropical, usted encontrara restaurantes y bares.

Playa Manzanillo

Pequeña playa de arena marrón y negra, con aguas muy tranquilas ideal para bañistas.

Playa Nosara

Este sitio romántico y aun salvaje, es ideal para explorar la flora y fauna del Pacifico Norte. Lagas playas de arena blanca y mucha vegetación. Poca construcción en la zona.

Playa Sámara

Una gran Bahia con mucha actividad. Al final de la playa se encuentra Isla Chora. De arena marrón - café.

Playa Mal País

Una de las favoritas. Está ubicado al final de la Península de Nicoya, y es una extensa zona de muchas playas que se dividen por formaciones de roca. Abundante vegetación, poca construcción. Un sitio muy tranquilo.

Playa Tambor

Bahía Ballena era una antigua hacienda de Evelio Benavides, con más de 5000 hectáreas. De arena café, dos ríos y dos pueblitos a cada extremos de la playa. Un lugar encantador.

Centros turísticos más visitados en Costa Rica

El parque Nacional del Arenal
El volcán Arenal
La Capital de San José, Avenida Central, Museo Nacional, Plaza de la Cultura, Teatro Nacional.
Parque Nacional del Tortuguero
Parque Nacional del Irazú.
Parque Nacional del Poas
Parque Nacional de Manuel Antonio
Parque Nacional del Corcovado
Parque Nacional de Chirripó.
Parque Braulio Carrillo.
La reserva biológica Bosque Nuboso, Monte Verde.

Las 7 Provincias de Costa Rica y sus Cantones

San José	Guanacaste	Alajuela
San José	Liberia	Alajuela
Escazú	Nicoya	San Ramón
Puriscal	Santa Cruz	Grecia
Desamparados	Bagaces	San Mateo
Tarrazú	Carrillo	Atenas
Aserrí	Abangares	Naranjo
Mora	Cañas	Palmares
Goicoechea	Tilarán	Poás
Santa Ana	Nandayure	Zapote
Alajuelita	La Cruz	San Carlos
Vazquez de Coronado	Hojancha	Zarcero
Acosta		Valverde Vega
Tibás		Upala
Moravia		Los Chiles
Montes de Oca		Guatuso
Turrubares		
Dota		
Curridabat		
San Isidro del General		
Leon Cortés		

Limón	Puntarenas	Heredia	Cartago
Limón	Puntarenas	Heredia	Cartago
Pococí	Esparza	Barva	Paraíso
Siquirres	Buenos Aires	Santo/	La Unión
Talamanca	Montes de Oro	Domingo	Jimenez
Matina	Osa	Santa/	Turrialba
Guacimo	Aguirre	Bárbara	Oreamuno
	Golfito	SanRafael	El Guarco
	Coto Brus	San Isidro	Alvarado
	Parrita	Belén	
	Corredores	Flores	
	Garabito	San Pablo	
		Zarapiquí	

El Mundial Brasil 2014

A continuación les presentamos los 23 jugadores seleccionados que convocó Jorge Luis Pinto para ir al Mundial 2014 y que marcaron en Costa Rica un día histórico al clasificar en las cuartas de final.

Esto jamás había pasado anteriormente, Costa Rica entera se tiró a las calles a compartir la alegría con los compatriotas y a celebrar un triunfo total de la Selección Nacional en este mundial que será inolvidable para todos los costarricenses. Este libro se estaba escribiendo en medio de los triunfos logrados por la Selección Nacional e incluiré en el mismo algunos de las frases célebres que se dijeron para honrar a los jugadores y a la Selección Nacional de Costa Rica.

Jugador	Edad	Equipo
Arqueros		
Keylor Navas	27	Levante UD
Patrick Pemberton	32	Liga Dep. Alaj.
Daniel Cambronero	28	Herediano
Defensas		
Johnny Acosta	30	Liga Dep. Alaj.

Geancarlo Gonzalez	26	Columbus
Michael Umaña	31	Saprissa
Oscar Duarte	25	Club Brujas
Dave Myrie	26	Herediano
Waylon Francis	23	Columbus Crew
Junior Diaz	30	Mainz
Cristian Gamboa	24	Rosenborg
Roy Miller	29	New York Red Bull
Volantes		
Celso Borges	26	Estocolmo
Cristian Bolaños	30	Copenhague
Michael Barrantes	30	Aalesunds FK
Oscar E. Granados	28	Herediano
Yelsin Tejeda	22	Saprissa
Diego Calvo	23	Valerenga Futbol
Jose Miguel Cubero	27	Herediano
Delanteros		
Joel Campbell	22	Olympiacos Futbol
Bryan Ruiz	28	Eindhoven
Randall Brenes	30	Cartaginés
Marco Ureña	24	Kuban Krasnodar

Versos al estilo Bombas Ticas
(autor desconocido)

Bomba!!
Hoy es un día especial
y lo digo con alegría
hoy en Brasil 2014
juega la patria mía

Ya dimos el primer paso
y no fue cuestión de suerte
pasamos jugando lindo
al mentado grupo de la muerte

Por pura maldad
nos mandaron
siete ticos al dopaje
y lo que salió en los resultados
fueron huevos y coraje

Hoy estamos haciendo historia
en octavos de final
y estamos tan contentos
como chancho en un barreal

Hoy les juro por esta patria
y también por mi madrecita
que debajo del marco tico
tenemos a la Negrita

Vamos Sele!!
vamos ticos!!
"achilampensen" a jugar
no le nieguen pata a nadie
que los quiere apantallar

Que en esta tierra bendita
que nos regaló Papá Dios
por cada uno de ustedes
estamos rezando dos

Hoy no existen provincias
ni color ni una aficción
pues todita Costa Rica
es un solo corazón

Un corazón que explota
y a todo el mundo le explica
que nunca fuimos costa pobre
siempre fuimos Costa Rica!!

Y después de este partido
y ya en la ronda tercera
no le tengo miedo a nadie

que nos echen a cualquiera
Carajo!!

**Versos después de la victoria
Contra Italia en el Mundial
Brasil 2014**
(autor desconocido)

Hoy le cerramos la boca
a Mourinho
también lo hicimos con Maradona
una Costa Rica pobre
les da tética a las campeonas

Lloraron los uruguayos
hoy llora la Italiana
en el grupo de la muerte
manda la Suiza Centroamericana

Un penal robado
lo gritó nuestra nación
pero nuestro ejército es la Sele
y nuestra arma es un balón

Que se vengan los ingleses
que viva mi patria querida
que entre más bravo sea el toro

mejor es la corrida!!
UYUYUYUY Bajura!!

Despues de la victoria del Partido CR vs. Grecia Brasil 2014 (autor desconocido)

Bomba!! En Costa Rica estamos de fiesta
y por Dios que no exagero
nuestro equipo está entre los ocho
más grandes del mundo entero

Ahora se viene Holanda
el mentado sub campeón
pero pa' jugar contra cualquiera
está listo mi corazón

Y está listo porque los retos
entre más grandes, más me gustan
porque pa' eso de equipos grandes
ya pasé por donde asustan

Y es que'l tico no se arruga
y como aquí dice más de uno
no somos más que nadie

pero menos que ninguno

Y no quiero seguir hablando
del equipo que nos toca
que los muchachos griten con las patas
lo que callo con la boca

Esta humilde retagila
se la quiero dedicar
a los que a mi linda Costa Rica
fueron a representar

A ese puño de carajillos
que se han vuelto como hermanos
y que nos hacen sentir a todos
con la copa entre las manos

Los que en aquel partido bravo
con el que yo también lloré
demostraron que les sobraría
aquello que te conté

Los vi en la cancha después del juego
y sin tener que decir nombres
nos recordaron a toditos
que llorar también es de hombres

Pa' los que este pedazo de tierra
y de fronteras a fronteras

nos pusieron a toditos
a brincar de contentera

Pa' los que aparte de meter pata
meten alma y corazón
pa' esos que humildemente
celebran con su afición

Para los que se atrevieron a decir
que un sueño no tiene techo
y ahora nos tienen en Tiquicia
a toditos sacando pecho

No se me amuinen muchachos
si nos los quiere la FIFA
por acá tampoco la queremos
ni regalándola en una rifa

Sigan haciendo historia
sigan callando bocas
griten jugando lindo
ya viste que se equivocan

No paren con este sueno
les grita la gente tica
sigan engrandeciendo
el nombre de Costa Rica
Carajo!! Guipipía!!

fin

¿Diay qué mae? ¿Pura vida? Sonia B. F. Arias

www.ingramcontent.com/pod-product-compliance
Lightning Source LLC
Chambersburg PA
CBHW031942070426
42450CB00006BA/659